Direito do Comércio Internacional

FGV JURÍDICA

**Direito do
Comércio
Internacional**

Luciano Benetti Timm
Rafael Pellegrini Ribeiro
Angela T. Gobbi Estrella

EDITORA
DIREITO RIO

ISBN — 978-85-225-0744-3

Copyright © 2009 Luciano Benetti Timm, Rafael Pellegrini Ribeiro, Angela T. Gobbi Estrella

Direitos desta edição reservados à EDITORA FGV
Rua Jornalista Orlando Dantas, 37
22231-010 | Rio de Janeiro, RJ | Brasil
Tels.: 08000-21-7777 | 21-3799-4427
Fax: 21-3799-4430
E-mail: editora@fgv.br | pedidoseditora@fgv.br
www.fgv.br/editora

Impresso no Brasil | Printed in Brazil

Todos os direitos reservados. A reprodução não autorizada desta publicação, no todo ou em parte, constitui violação do copyright (Lei nº 9.610/98).

Os conceitos emitidos neste livro são de inteira responsabilidade do autor.

Este livro foi editado segundo as normas do Acordo Ortográfico da Língua Portuguesa, aprovado pelo Decreto Legislativo nº 54, de 18 de abril de 1995, e promulgado pelo Decreto nº 6.583, de 29 de setembro de 2008.

1ª edição — 2009

PREPARAÇÃO DE ORIGINAIS: Sandra Maciel Frank

DIAGRAMAÇÃO: FA Editoração Eletrônica

REVISÃO: Marco Antônio Corrêa e Catalina Arica

CAPA: Gisela Abad

Ficha catalográfica elaborada pela
Biblioteca Mario Henrique Simonsen / FGV

Timm, Luciano Benetti
    Direito do comércio internacional / Luciano Benetti Timm, Rafael Pellegrini Ribeiro, Angela T. Gobbi Estrella. — Rio de Janeiro : Editora FGV, 2009.
    156 p. — (Série FGV Jurídica)

    Inclui bibliografia.
    ISBN: 978-85-225-0744-3

    1. Direito internacional público 2. Comércio internacional — Legislação. I. Ribeiro, Rafael Pellegrini. II. Estrella, Angela T. Gobbi. III. Fundação Getulio Vargas. IV. Título. V. Série.

CDD – 341.1

Sumário

1. **Introdução ao direito comercial internacional**   7
   Considerações iniciais   7
   Os negócios internacionais e a lei a eles aplicável
   (o direito internacional privado)   15

2. **A solução de controvérsias privadas no âmbito dos negócios internacionais**   25
   Jurisdição internacional   25
   Imunidade de jurisdição   40
   Principal método de solução de controvérsias: a arbitragem   46

3. **O contrato internacional – a regulação do comércio internacional pela via da *lex mercatoria***   53
   Contratos internacionais — parte geral e
   principais cláusulas   53

4. **Contratos internacionais – parte especial**   79
   Processo formativo: memorando de entendimentos
   e carta de intenções   79
   Contratos em espécie   82

5. A Organização Mundial do Comércio: regulação governamental do comércio 109

O sistema multilateral de comércio 109
Organização Mundial do Comércio (OMC/WTO) 112
Sistema de Solução de Controvérsias 116
Princípios gerais do sistema: consolidação tarifária,
cláusula da Nação Mais Favorecida, tratamento nacional
Exceções gerais 124
Acordo sobre Barreiras Técnicas ao Comércio 137
Acordo sobre Medidas Sanitárias e Fitossanitárias 139
Medidas de defesa comercial 140
Salvaguardas 142

Anexo
Lista de referência de casos sobre a regulação do comércio
internacional pela via governamental e Organização
Mundial do Comércio (OMC/WTO) 145

Bibliografia 149

Sobre os autores 155

1 Introdução ao direito comercial internacional

Considerações iniciais

Evolução histórica

A história do direito do comércio internacional pode ser associada ao início da atividade comercial pelos povos antigos (sobretudo os gregos e os romanos). Mas foi, indubitavelmente, com a evolução do capitalismo comercial na Idade Média que o comércio internacional aflorou de modo a trazer um direito puramente mercantil, que não se identificava nem com o direito romano clássico, nem com o direito dos povos germânicos. Cidades italianas e dos Países Baixos, naquele período, conheceram um significativo desenvolvimento comercial, gerando uma classe de mercadores que desbravaram os mares e necessitaram desenvolver um direito específico para seus negócios. Essa riqueza dos florentinos, venezianos e dos habitantes de Flandres pode, ainda hoje, ser percebida nas ruas dessas cidades e nos grandes museus do mundo (nos quais se encontram muitas pinturas e desenhos dos rostos desses cidadãos abastados e de sua atividade comercial e naval).

É, portanto, na Idade Média, dentro do espírito do pluralismo das fontes jurídicas — quando ainda o Estado nacional não havia se consolidado nem chamado para si o monopólio da jurisdição nem da produção de normas jurídicas —, que surge a *lex mercatoria*, ou seja, um direito desenvolvido pelos comerciantes (portanto, privado), a partir de suas práticas, de seus usos e costumes. Tudo dentro de tribunais formados nas próprias corporações mercantis (e, dessa forma, independentemente das cortes reais).

Desde então, o comércio internacional só fez crescer. O Estado nacional se formou e se consolidou, chamando para si o monopólio da produção de normas jurídicas e de sua aplicação por tribunais estatais. O capitalismo comercial virou industrial na modernidade, e de serviços na contemporaneidade. Excetuando-se, talvez, os períodos das grandes guerras mundiais no século passado, viu-se uma explosão do comércio internacional (tanto de mercadorias propriamente ditas como de serviços) de tal modo a, recentemente, se fazer alusão à globalização econômica, que nada mais é do que a internacionalização das empresas, das atividades econômicas em um grande e único mercado global, caracterizado pela rapidez nas comunicações (internet, redes de computadores) e por um grande desenvolvimento da infraestrutura (telefonia celular, TV por satélite, transporte aéreo, ferroviário e marítimo em larga escala).

A nova lex mercatoria

É neste contexto da globalização do século XXI que se fala em uma nova *lex mercatoria*, em clara alusão àquele medieval direito formado pelos comerciantes das cidades europeias daquele período histórico.

Isso porque a rapidez dos negócios exige uma agilidade na produção e na flexibilização das normas jurídicas que o Estado soberano não pode acompanhar. O caráter territorial da noção tradicional de Estado e da produção do direito não atende mais às necessidades do mercado global, que, por conta disso, acabou por desenvolver um direito espontâneo, também brotado dos usos e costumes, e que se revela nos contratos formulados pelas partes, por compilações organizadas e publicadas por órgãos profissionais de classe ou de organizações empresariais de natureza privada (como as compilações na International Chamber of Commerce [ICC] sediada em Paris, ou mesmo na Chambre du Poivre et du Caffé, ou na Liverpool Cotton Association, na Inglaterra, entre outras). Isso sem falar das leis modelo de *soft law* (porque não obrigatórias e imperativas às partes contratantes que a ele não aderirem por vontade livre e inequívoca), e princípios do reputadíssimo International Institute for the Unification of Private Law (Unidroit), sediado em Roma, e de algumas tentativas de contribuição dos governos dos Estados para a regulação do comércio internacional, como as normas da Organização Mundial do Comércio (OMC) — World Trade Organization (WTO) — e da United Nation Comission for International Trade Law (Uncitral), esta ligada à Organização das Nações Unidas (ONU).

Nesse ambiente também cresce quantitativa e qualitativamente a arbitragem, como modo mais técnico, flexível e adequado para solução de controvérsias entre empresas sediadas em Estados distintos e mesmo com ordenamentos jurídicos diversos.

Muito se discute a natureza dessa nova *lex mercatoria*. Para os mais ferrenhos positivistas (ou seja, aqueles que ainda acreditam que o Estado tem o monopólio da produção, da interpretação e da aplicação do direito), essa regulação espontânea ocorrida no mercado internacional não chega a ser efetivamente uma produção de normas jurídicas, como as leis passadas no parlamento e as sentenças dos tribunais estatais. Para a escola francesa, a *lex mercatoria* se caracteriza por um novo paradigma jurídico, sendo um direito autônomo e verdadeiramente global.

No Brasil, esta discussão parece superada. Isso porque o novo Código Civil, expressamente em seu art. 113, admite os usos e costumes como fonte formal do direito. Além disso, o art. 4º da Lei de Introdução ao Código Civil (Licc) igualmente aceita os costumes como fonte de normas jurídicas. O art. 130 do Código Comercial de 1850 já reservava à praxe mercantil um papel importante de produção legítima de normas jurídicas.

Daí ser plenamente sustentável, no Brasil, que a nova *lex mercatoria* é direito tanto quanto as normas produzidas pelos órgãos estatais, ainda que ela contenha limites de ordem pública impostos pelo sistema jurídico nacional, pelo menos quando os contratantes necessitam da chancela estatal (como na situação de buscar a execução forçada de um laudo arbitral — pois, obviamente, se o laudo arbitral não for discutido na Justiça e for espontaneamente cumprido, ele escapa do controle do Estado). Estes limites serão explorados a seguir, mas dizem respeito fundamentalmente aos princípios da organização do Estado na Constituição Federal, às normas processuais e às normas protetivas dos trabalhadores e dos consumidores.

Fontes do direito comercial internacional

As fontes do direito internacional são, na prática e do ponto de vista das empresas (ou microeconômico, no jargão econômico), fundamentalmente não governamentais, como explicado antes, ou seja, produzidas pelas próprias partes em seus contratos, suas mediações e arbitragens.

Também desempenham um importante papel entidades privadas destinadas à publicação de usos e práticas que contribuem para a uniformização do comércio internacional, como as citadas ICC e Unidroit.

Por fim, existem as normas governamentais internacionais estabelecidas em tratados e convenções firmados e ratificados por países, como é o caso da Convenção de Viena, de 1980, sobre compra e venda internacional de mercadorias — Convention on International Sales of Goods (Cisg); a Convenção de Genebra (LUG) para títulos de crédito e, sobretudo, as normas da OMC, como os acordos General Agreement on Trade Tariffs (Gatt) e General Agreement on Trade Services (Gats).

Finalmente, as normas de direito interno dos países-sede das empresas envolvidas em uma negociação internacional podem ser aplicadas a relações comerciais internacionais entre empresas e, eventualmente, mesmo entre governos (quando estes celebram contratos desprovidos de sua função estatal como, por exemplo, um contrato de financiamento de uma obra pública feito entre um estado da federação brasileira e o Banco Mundial).

E é justamente isso que torna ainda mais complexas, e de certa maneira imprevisíveis, as relações comerciais no âmbito internacional, pois a legislação de cada país ainda tem um papel decisivo na regulação da relação comercial privada internacional quando as partes necessitam da chancela do poder público. Vale dizer, quando não podem resolver sua disputa fora dos tribunais estatais (o que é cada vez mais raro, como se nota dos ínfimos casos na jurisprudência brasileira no âmbito de contratos internacionais se comparados, por exemplo, com casos de família, nos quais as cortes são frequentemente solicitadas).

Evidentemente que esta imprevisibilidade e esta insegurança jurídica são diretamente proporcionais à imprevisibilidade do sistema legal e judiciário dos países envolvidos no negócio.

Assim, relações contratuais com países como Estados Unidos, Inglaterra e França tendem a ser mais previsíveis do que com países como Brasil, Venezuela, Argentina, África do Sul, porque, genericamente falando, seus sistemas legais respeitam mais os contratos e a propriedade das partes em uma disputa. Além disso, o processo tende a tramitar com mais independência dos juízes, com menor nível de corrupção e maior agilidade e eficiência.

Vale dizer, dependerá muito do direito interno de cada país (o chamado direito internacional privado ou direito conflitual — *conflict of laws*) o exato teor e validade da *lex mercatoria*.

Justamente por isso, relações complexas e com significativos valores envolvidos devem trazer advogados familiarizados (cada qual em seu âmbito de atuação profissional) com as legislações implicadas no negócio.

Exemplificativamente: como não existe um tratado (direito governamental uniforme) para regular as relações comerciais entre brasileiros e norte-americanos, os empresários desses países que desejem realizar atividades econômicas em parceria deverão formalizar contratos e desenvolver práticas e usos que, no seu conjunto, possam ser chamados de uma nova *lex mercatoria*, atentando aos limites impostos por seu direito doméstico.

Se houver disputas entre as empresas, tenderão elas a recorrer à mediação ou à arbitragem para solução da controvérsia, sem recorrer à justiça estatal, o que mais uma vez, em um círculo virtuoso, expande a *lex mercatoria* (ou a produção de normas jurídicas) para além dos Estados.

Contudo, a validade destas práticas e disposições contratuais, e mesmo das decisões dos árbitros eleitos pelas partes depende, ainda exemplificando, do direito interno brasileiro e norte-americano, na medida em que as partes necessitem da tutela estatal (*enforcement*), pois ainda é o Estado que detém o monopólio da coerção, ou seja, de obrigar alguém a fazer ou deixar de fazer algo, mesmo contra a sua vontade (como penhorar bens, expropriá-los e vendê-los em leilões). Nesse sentido, cortes norte-americanas, baseadas em seu direito doméstico, terão seus próprios critérios de atribuição de competência para processar e julgar um caso internacional, e mesmo de escolha da lei aplicável ao litígio. Como se verá, este critério de jurisdição internacional se denomina "contatos mínimos" da empresa sediada no estrangeiro para com o território norte-americano (como a presença de vendedores e do produto da empresa brasileira nos Estados Unidos). Fica assim, no caso proposto, a empresa brasileira sujeita a ser processada nos Estados Unidos, ainda que sua sede fique no Brasil e ela não tenha filial naquele país.

Nesse mesmo exemplo, caso as partes elejam foro e lei aplicável em seu instrumento contratual, é preciso que se diga que as cortes dos Estados Unidos costumam validar estas cláusulas. Em contrapartida, as cortes brasileiras são mais avessas a isso, fazendo muitas vezes prevalecer o direito brasileiro, como se verá em seguida.

Naturalmente que esta postura paternalista e antimercado das cortes brasileiras prejudica o desenvolvimento do comércio internacional do país, aumentando o que os economistas, como Ronald Coase, denominam de "custos de transação" — que são aqueles custos de negociar e de fazer cumprir contratos —, conforme conclusão do Banco Mundial em seus sucessivos relatórios Doing business in Brazil (2004 e 2006).

Princípios sobre os contratos comerciais internacionais

Um bom guia para a identificação da *lex mercatoria* atual no que tange aos contratos são os princípios sobre contratos comerciais internacionais do Unidroit.

Em primeiro lugar é preciso dizer que estes princípios são desenvolvidos apenas para relações empresariais, estando excluídas, portanto, as relações de consumo e trabalhistas, que continuam reguladas pelo direito interno de cada país (e ainda com alto grau de diferença regulatória e de proteção da parte mais fraca na relação).

De acordo com as regras de *soft law* do Unidroit, o princípio fundamental no plano dos contratos internacionais é o da liberdade contratual ou da autonomia da vontade (chamado por outros de autonomia privada). Este princípio não quer dizer outra coisa senão que as partes são livres para negociar os contratos que quiserem, com quem quiserem, como quiserem, da forma como entenderem adequada.

Entretanto, uma vez livremente pactuado um contrato, não podem as partes dele sair sem o consentimento da outra parte prejudicada, sob pena de perdas e danos ou, até mesmo, de execução forçada do contrato (dependendo do contrato e da legislação aplicável ao mesmo).

Este princípio é reforçado e, de alguma maneira complementado, pelo princípio da boa-fé, que significa um comportamento leal e transparente das partes, que proteja as expectativas legítimas da outra parte. Assim, por exemplo, se as partes se comportaram de uma determinada maneira, negociando aspectos do contrato por e-mail, não podem depois agir contra este mesmo comportamento, dizendo que as negociações por e-mail exaustivamente tratadas sem ressalvas não têm valor jurídico, já que tal conduta contrariaria um comportamento das partes ao longo da relação (violando, com isso, a legítima expectativa da outra parte de ver reconhecido este procedimento eletrônico de negociação).

A liberdade contratual (e o dever correlativo de cumprir contratos) é contrabalançada pelo princípio da *hardship,* que permite às partes renegociar as condições do contrato, eventualmente adaptando o instrumento contratual a situações imprevisíveis que afetem o equilíbrio econômico-financeiro do contrato, como catástrofes naturais, guerras, atos de governo não esperados, entre outros.

Os princípios atinentes aos contratos internacionais devem ser harmonizados com o direito interno conflitual de cada país (o chamado direito internacional privado). As regras brasileiras sobre o direito internacional privado (como é o caso de qualquer relação comercial entre duas pessoas jurídicas de direito privado, como duas empresas) seguem desenvolvidas em detalhes a seguir.

Os direitos internos dos países ocidentais, sejam sistemas legais codificados (*civil law*) ou jurisprudenciais (*common law*), igualmente contêm princípios semelhantes de liberdade contratual, de boa-fé e de equilíbrio econômico-financeiro — no caso do Brasil ver arts. 421 e 422 do Código Civil; nos Estados Unidos eles aparecem no Uniform Commercial Code (UCC). Entretanto, a extensão e exato conteúdo destes princípios tendem a variar, sendo os países da família do *common law* normalmente mais simpáticos às disposições criadas pelas partes em seus contratos, havendo menos intervenção das cortes nas barganhas das partes. Já as cortes do *civil law* tendem a ser mais intervencionistas, exigindo um cuidado maior com seu direito doméstico. E a justiça dos países em desenvolvimento tende a ser paternalista, protegendo as partes nacionais em litígio.

Os detalhes atinentes aos contratos internacionais seguem no capítulo 2.

Os negócios internacionais e a lei a eles aplicável (o direito internacional privado)

O direito interno de cada país (chamado de direito internacional privado ou de direito conflitual — *conflict of laws*) é muito importante para o comércio internacional, já que não existe ainda, para as empresas, um direito verdadeiramente internacional estatal que harmonize integralmente as diferentes disposições das legislações comerciais de cada país. Assim, a França tem seu Código Comercial, os Estados Unidos têm o seu Uniform Comercial Code, o Brasil tem seu Código Civil, e assim por diante.

Para resolver o conflito de normas jurídicas, promulgadas nos diferentes países, de sujeitos de direito privado envolvidos em uma relação jurídica internacional, cada Estado soberano desenvolveu um direito de natureza interna, seguindo critérios de política legislativa doméstica. Este ramo é denominado de direito internacional privado (DIPr) ou de direito conflitual *(conflict of laws)*. Exemplificativamente, o Brasil tem uma lei (Lei de Introdução ao Código Civil) para determinar a escolha de um sistema jurídico aplicável a uma relação jurídica privada internacional (fato jusprivatista ou relação jurídica com elemento de estraneidade), que seguiu pontos de conexão da relação jurídica com o sistema jurídico que o legislador presumiu mais ligado com ela (por exemplo, local da celebração do contrato para relações contratuais internacionais; local da situação do imóvel, para relações de direito real imobiliário; local do domicílio das partes para direitos de personalidade e de família). O mesmo acontece na Alemanha, que tem também uma Lei de Introdução ao Código Civil para disciplinar a colisão de sistemas jurídicos. Em outros países, como França e Itália, esta matéria é regulada no capítulo inicial de seus códigos civis. Nos Estados Unidos são os precedentes judiciais que regulam o conflito de leis. Note-se que nem sempre os critérios de conexão dos legisladores desses países são os mesmos, não sendo incomum a disparidade de critérios.

Viu-se anteriormente que foi no vácuo do direito estatal, e mesmo de um tribunal estatal comercial internacional, que surgiu um direito espontâneo criado pelo mercado, denominado "nova *lex mercatoria*". Contudo, o DIPr coexiste com este direito dos comerciantes. Ele é fundamental, pelo menos nos casos (cada vez mais raros, é verdade) de as partes necessitarem da tutela do Estado para julgar o litígio surgido entre elas ou para um cumprimento forçado da arbitragem. Trata-se, como explicado, apesar do nome — direito internacional privado (DIPr) —, de um direito nacional feito domesticamente pelos países. Daí se esperar relativa divergência entre as normas internacionais privadas de cada país.

Conforme explicado por meio de um exemplo, na ausência de um direito estatal comercial uniforme dirigido diretamente à regulação da relação entre empresas no cenário internacional, é o direito internacional privado de cada país que diz da validade dos contratos e da solução de controvérsias entre os agentes econômicos no âmbito internacional (se o caso for julgado por uma corte estatal). E o caso será julgado por uma corte estatal sempre que as leis domésticas atribuírem jurisdição aos seus juízes para aquela situação — e desde que não haja uma cláusula arbitral ou uma cláusula de eleição de foro adequadamente redigida em contrato escrito que o retire do âmbito daquela jurisdição.

Desse modo, as empresas nacionais devem estar atentas aos dois fatores. Primeiramente, negociar um bom contrato com seu parceiro internacional porque, na maioria das vezes, o bom-senso e a boa-fé imperarão e não será necessária a intervenção de qualquer Estado. Esse contrato se constituirá com base nos princípios da *lex mercatoria*.

Em segundo lugar, as empresas devem saber se este contrato será validado pelas cortes dos países envolvidos, pois ninguém está livre, e os advogados bem sabem disso, de não poder contar com a boa-fé nem com o bom-senso de um ex-parceiro comercial. Será o DIPr de cada Estado que dirá da validade das cláusulas contratuais.

Portanto, pela ótica da legislação brasileira, o que deve ser observado é se efetivamente o contrato negociado com a parte estrangeira está adequado ao direito doméstico, para o caso de haver necessidade de se buscar uma tutela perante a Justiça brasileira para salvaguardar algum direito nele garantido.

Se existisse um direito governamental verdadeiramente internacional, este direito doméstico e idealizado para resolver conflitos de normas privadas de cada país não seria importante, contudo isso ainda é uma quimera. As partes continuam, hoje, tendo que negociar a lacuna de direito governamental harmônico, o que as leva a criar espontaneamente regras entre si (que tomam o nome de "nova *lex mercatoria*", como já explicado na seção anterior) e, na maioria das vezes, resolver entre si, ou pelo menos privadamente, a controvérsia.

Portanto, como não existe ainda um número significativo de normas governamentais que harmonizem as relações entre as empresas (note-se que as normas da OMC voltam-se direta e imediatamente apenas aos governos que firmaram os acordos e, não, às suas empresas) e nem sempre é possível escapar do direito estatal (quando se busca uma homologação de uma arbitragem, por exemplo), existem ainda conflitos de leis entre os países, e a sua solução não pode prescindir do direito internacional privado.

Situações excepcionais de harmonização legal entre os países existem e merecem referência (como as exceções que confirmam as regras): a Lei Uniforme de Genebra (validade entre nota promissória e letra de câmbio); a Convenção sobre Compra e Venda Internacional de Mercadorias (que o Brasil ainda não ratificou, infelizmente).

Contudo, na grande maioria dos casos existem conflitos de normas jurídicas nos países-sede das empresas envolvidas em uma negociação internacional comercial. Temos um conflito legal em que não houve a harmonização (pelo menos no âmbito dos Estados soberanos), devendo assim cada país indicar uma lei para ser aplicada ao contrato pelas suas cortes internas.

No Brasil, como dito, a lei aplicável a contratos internacionais é a Lei de Introdução ao Código Civil (Licc), de 1942.[1]

É a Licc que dirá ao juiz brasileiro qual lei que ele deve aplicar a um contrato internacional, assim como o direito conflitual argentino dirá ao juiz argentino qual sistema legal ele deve aplicar a uma controvérsia por ele julgada.

---

[1] Araújo, 2002.

E o que pode parecer estranho: nem sempre o juiz brasileiro terá que aplicar o direito brasileiro; ele poderá ser remetido, pelas disposições da Licc, a julgar a controvérsia de acordo com o sistema legal de outro país, por meio dos chamados elementos de conexão (que são pontos de contato eleitos pelo legislador como tendo mais proximidade entre o contrato e um determinado sistema legal).

No Brasil, o legislador entende o local da celebração do contrato como elemento de conexão fundamental quando as partes estiverem presentes fisicamente, uma frente à outra, no momento da assinatura do contrato. Por isso, nosso elemento de conexão básico para os contratos internacionais privados é o da lei do local da celebração do negócio (*lex loci celebrationis*).

Quando isso não ocorrer, ou seja, quando as partes não estiverem presentes conjuntamente no momento da celebração do negócio (contrato entre ausentes), vale a lei do local da sede da empresa que propôs o negócio.

Naturalmente que a proposta tem aqui um sentido jurídico tal como posto no art. 427 do Código Civil, isto é, como uma oferta à contraparte de um contrato, colocando já os elementos essenciais do acordo (tais como preço, objetivo, prazo — dependendo de cada negócio).

É o que dispõe expressamente o texto do art. 9º da Licc (grifos nossos):

> *Caput:* Para qualificar e reger as obrigações, aplicar-se-á a lei do *país* em que se *constituírem*.
> §2º: A obrigação resultante do contrato reputa-se constituída no *lugar* em que *residir* o *proponente*.

Salienta-se ainda que o art. 9º da Licc, em seu §1º, dispõe:

> Destinando-se a obrigação a ser executada no Brasil e dependendo de forma essencial, será esta observada, admitidas as peculiaridades da lei estrangeira quanto aos requisitos extrínsecos do ato.

Dessa forma, em se tratando de um contrato celebrado no Brasil para aqui ser total ou parcialmente cumprido, há que se atentar para as formalidades da legislação nacional, especialmente as do Código Civil e da legislação eventualmente aplicável ao caso em matérias específicas.

Assim, por exemplo, a compra e venda de imóvel no Brasil deve ser feita mediante escritura pública de compra e venda, na forma disposta no art. 107 do Código Civil, ainda que o adquirente seja estrangeiro residente em outro país que não o Brasil. Ademais, deve-se atentar para restrições constitucionais e legais para a aquisição de propriedade por estrangeiros, como em zonas fronteiriças com outros países.

Vejamos um exemplo de aplicação do art. 9º da Licc: uma fábrica italiana, que contrata uma empresa brasileira para vender, aqui no Brasil, seus produtos manufaturados na Itália. Trata-se de um contrato de prestação de serviços de representação comercial (ou agência — conforme previsto no art. 710 do novo Código Civil). Contudo, não é um contrato comum, como o de uma empresa em São Paulo que contrata um representante na Bahia, quando, inequivocamente o direito aplicável é o brasileiro. Trata-se, aquele, de um contrato internacional.

Nessa esteira, primeiro precisa-se fazer um diagnóstico da natureza internacional da relação comercial em jogo na situação posta em exame: onde está o fabricante? Na Itália, não no Brasil. Portanto, há uma relação comercial verdadeiramente internacional (aquilo que tecnicamente os juristas chamam de elemento de estraneidade ou elemento estrangeiro).

Nesse sentido, como não há uma lei uniforme entre Brasil e Itália para relações contratuais comerciais, haverá um conflito potencial entre o direito brasileiro e o italiano para regulamentar o que não foi especificamente disciplinado no contrato, e mesmo para determinar a validade das disposições livremente pactuadas (o mesmo valendo para o direito italiano, que igualmente poderá limitar as cláusulas contratuais ou suplementá-las).

Esse potencial e latente conflito entre disposições legais será harmonizado, num primeiro momento, pelas partes, ao fazerem e negociarem seu contrato. Mas também será resolvido pelo direito brasileiro (e italiano, que não vem ao caso), que tem normas que orientam o juiz na solução de controvérsia eventualmente surgida em uma ação no Brasil, quando ele for acionado pelas partes.

Para determinar se será aplicável o Código Civil brasileiro ou italiano esse juiz brasileiro consultará o art. 9º da Licc, já citado. Assim, se o contrato tiver sido celebrado em Milão, ele terá de aplicar o Código Civil italiano. Ou se as partes não estiverem fisicamente presentes, vindo o fax com a proposta de representação comercial da Itália, aplicável será o direito italiano. Mas, e se as partes tiverem elegido um direito aplicável ao contrato (chamada cláusula de eleição de lei ou *choice of law*) para tentar escapar deste quebra-cabeça?

A cláusula de eleição de lei aplicável ao contrato não se confunde com cláusula de eleição de foro, nem tampouco com a cláusula arbitral. É bem verdade que todas elas emanam da autonomia da vontade ou da autonomia privada, mas têm implicações práticas absolutamente distintas.

Como será examinado no capítulo 2, a cláusula de eleição de lei (*choice of law*) é a escolha do sistema legal que será utilizado pelo julgador (inclusive o árbitro) para solucionar a lide. Diz respeito ao direito material ou substancial eleito, já que as regras de tramitação do processo são, normalmente, as do foro eleito. O sistema legal escolhido poderá ser o de um país das partes envolvidas, ou de um terceiro país ou, ainda, um direito verdadeiramente internacional (*lex mercatoria*, princípios Unidroit, Convenção sobre Compra e Venda Internacional de Mercadorias — Cisg).

Já a cláusula de eleição de foro (*choice of forum*), como se verá, é cláusula inserta em um contrato que determina a escolha, pelas partes, de qual tribunal terá jurisdição sobre um eventual litígio envolvendo o contrato. A sua limitação deriva de regras procedimentais dos países em jogo. A eleição do foro não pressupõe a aplicação da lei material do país do tribunal eleito.

Se a escolha de um foro não significa, por implicação necessária, a escolha do sistema jurídico do país-sede do tribunal eleito — ainda que haja certo grau de conexão entre elas —, ela implica a aplicação da lei processual do foro (*lex fori*).

A eleição de foro é um problema de direito processual internacional (conflito internacional de jurisdição) — tratados, convenções e normas processuais domésticas dos países, como o Código de Processo Civil (CPC) —, e a *eleição de lei* é um problema de conflito de leis no espaço (direito internacional privado em sentido estrito) — tratados, convenções e normas conflituais domésticas, como a Lei de Introdução ao Código Civil (Licc). Já a cláusula compromissória (ou arbitral), por sua vez, é a escolha do árbitro ou da instituição arbitral para julgar a lide.

Dito isso, voltando ao problema da eleição de lei, há, no Brasil, um entendimento majoritário na doutrina jurídica e na escassa jurisprudência de que o citado art. 9º da Licc não faculta às partes eleger a lei aplicável, sendo uma norma imperativa ou de ordem pública (ou seja, inafastável pela vontade das partes, como é o caso da legislação trabalhista, na qual a vontade do trabalhador em renunciar a seu FGTS, por exemplo, não tem amparo legal).

Portanto, a cláusula de eleição de lei feita entre as partes poderia ser considerada nula por juiz brasileiro se o sistema legal escolhido violasse as disposições da Licc já citada. E isso é, sem dúvida alguma, um elemento de instabilidade jurídica para as partes, dificultando o comércio internacional do país.

Em virtude disso, existem algumas soluções que a prática jurídica consagrou para contornar este problema de rigidez da legislação doméstica. A primeira delas é definir, no próprio corpo do contrato, o local da celebração do mesmo, identificando-o com o da legislação preferida pelas partes.

Contudo, esta solução poderá ensejar a alegação, pela parte prejudicada, de fraude à lei, que é um instituto jurídico típico do direito internacional privado que não reconhece situações em que as partes buscam um sistema legal mais vantajoso de um país em detrimento do nacional, quando este é mais rígido e a intenção é fraudulenta. Isso poderá acontecer quando as partes colocarem, como local da celebração, cidade diversa daquela em que efetivamente o contrato for assinado, apenas com o intuito de escapar do art. 9º da Licc e do Código Civil brasileiro, por exemplo.

Por isso, o mais seguro será celebrar o contrato fora do país se significativas forem as quantias envolvidas na operação, ou então valer-se da legislação do país do proponente do negócio.

Finalmente a última opção seria pela cláusula arbitral. Isso porque o art. 2º da Lei nº 9.307/96 expressamente admite a eleição de lei pelas partes. O mesmo não vale para jurisdição estatal, que ainda está presa ao desatualizado art. 9º da Licc, devendo, por isso mesmo, as cortes estatais serem evitadas na medida do possível.

No âmbito do direito comparado, para se ter uma ideia, nos Estados Unidos (na maioria dos seus estados pelo menos), admite-se a cláusula de escolha de lei (*choice of law*). Igualmente na União Europeia se admite a cláusula de escolha de lei aplicável (autonomia da vontade), em função de expressa disposição da Convenção de Roma, de 1980. Na Argentina e Uruguai — Tratado de Montevidéu, de 1940, vale a lei do local de execução ou cumprimento do contrato *(lex loci executionis),* e não necessariamente a lei eleita no contrato.

2

A solução de controvérsias privadas no âmbito dos negócios internacionais

Jurisdição internacional

Introdução ao problema jurisdicional

Outro problema comum no direito do comércio internacional, além do conflito de sistemas jurídicos e da lei aplicável ao contrato, é o de saber como e onde será resolvida uma disputa em um contrato entre empresas que estão em diferentes países e que, genericamente, estão submetidas a cortes com soberanias diferentes.[2]

Caso se trate de uma disputa entre empresas, elas não poderão se socorrer diretamente de organismos governamentais internacionais, como os da ONU, da OMC etc. (como se verá no capítulo 4), os quais existem para solver disputas entre sujeitos de direito público internacional — fundamentalmente Estados soberanos e organismos internacionais. De modo que a controvérsia terá que ser resolvida amigavelmente ou, em caso de impossibilidade, pelas cortes de um dos Estados das partes envolvidas, ou pelos tribunais estatais de um terceiro Estado neutro (se sua legislação permitir) ou, ainda, pela via arbitral.

---

[2] Ver Vescovi (2000).

São as regras sobre jurisdição que definem a competência dos tribunais domésticos no julgamento de litígios internacionais. Vejamos as principais regras de jurisdição no âmbito do direito comparado e nacional, pois há sempre o risco de "captura" pela jurisdição de outro país ao fazer negócios com empresas sediadas no exterior.

A jurisdição internacional de tribunais brasileiros

A competência internacional da jurisdição brasileira é fixada, fundamentalmente, no CPC (arts. 88-90) — direito interno, portanto. Note que o fato de o tribunal nacional ter jurisdição sobre o caso não significa que aplicará a lei doméstica do ponto de vista do direito material; o tribunal nacional, em verdade, aplicará a norma conflitual brasileira, atualmente a Licc, para aplicar o direito ao caso concreto e, no futuro, provavelmente a Convenção do México, de 1994 (Cidip V) e a Cisg de Viena, de 1980.[3]

O art. 88 do CPC trata da *competência concorrente* e o art. 89 trata da *competência exclusiva*.

Na *competência concorrente* a justiça brasileira terá competência para processar e julgar um caso internacional (envolvendo uma parte não residente), sem que isso exclua a eventual competência de tribunais estrangeiros para conhecer da mesma causa (inclusive ao mesmo tempo, diante da inexistência de litispendência em nível de processo civil internacional).

São quatro as hipóteses de jurisdição concorrente:
- o autor é estrangeiro (cuidado com a caução do art. 835 do CPC) mas o *réu é aqui domiciliado* (quer ele seja estrangeiro ou nacional), que é a regra geral da jurisdição, baseada na ter-

---

[3] Sobre o tema ver Rechsteiner (2003).

ritorialidade — TJ/RS, Apelação Civil nº 70005193941, Nona Câmara Cível, em 23/03/2005;

- qualquer uma das partes é domiciliada fora do país, mas *o contrato (internacional) é parcialmente cumprido ou executado no Brasil* (hipótese de jurisdição específica) — 1º TAC/SP, Ap. Civ. nº 880.965-6. O domicílio do réu é aquele definido de acordo com os arts. 70 e seguintes do Código Civil e art. 12 do CPC, que tratam dos domicílios residencial e profissional;

- a jurisdição das cortes brasileiras tem implicações também sobre as pessoas jurídicas com filiais ou agências no Brasil, sendo os tribunais domésticos competentes para atos ou fatos relacionados a estes entes jurídicos (CPC, art. 88, parágrafo único). A jurisprudência do Tribunal da Guanabara e do 1º TAC/SP expandiu a competência dos tribunais nacionais diante das pessoas jurídicas sediadas no exterior com relação a atos ou fatos praticados no Brasil por intermédio ou representação, de qualquer forma, de sua agência ou filial (Tribunal da Guanabara, Reclamação 7.511, Apenso ao DOGB, Parte III, nº 190, 5-10-1972, p. 543, citado por Franceschini (2002); 1º TAC/SP, Agravo de Instrumento. nº 949804-4). A jurisprudência do STJ foi além no direito do consumidor, para admitir uma responsabilidade da marca notória, ou seja, uma filial ou agência brasileira responder por atos, acontecidos no exterior, de outras empresas do grupo que se utilizam da mesma marca comercial (STJ, REsp. 63981/SP, confirmada na AR 2931/SP — é o chamado caso Panasonic);

- uma das partes não é domiciliada no país, mas *o ato ou fato ilícito foi praticado em nosso território.*

Evidentemente que, nesses casos, a citação do não domiciliado no país terá que ser feita mediante rogatória ativa (ou seja, pelo Ministério da Justiça) ou passiva (mediante controle prévio do STJ), sob pena de sérios riscos de não homologação na justiça estrangeira ou nacional.

A viabilidade de concorrência de jurisdição pode provocar, na prática, uma "corrida maluca", pois somente a homologação da sentença estrangeira pelo órgão competente jurisdicional nacional (o STJ) pode gerar o efeito de coisa julgada, e, portanto, interromper uma ação idêntica no Brasil — TJ/RS, Apelação Cível nº 70008853731, Oitava Câmara Cível, em 1-7-2004.

Essa "corrida maluca" é estimulada pela inexistência do instituto da litispendência no processo civil internacional (CPC, art. 90). Entretanto, as partes brasileiras devem estar atentas ao instituto processual típico do processo civil norte-americano — o *anti-suit injunction*, que é um remédio jurídico utilizado pelas cortes daquele país para garantir a sua jurisdição sobre o caso, mediante a inibição das partes litigantes de ajuizarem ações ou seguirem litígios em outras jurisdições. Em síntese, trata-se de uma ordem que o magistrado americano dá, proibindo o seguimento ou o ajuizamento de medida no exterior.

Na *competência exclusiva,* a justiça brasileira deve processar e julgar todas as ações pessoais e reais que tratem de imóveis aqui situados. Também é sua exclusividade tratar da sucessão *causa mortis* de bens aqui localizados (a jurisprudência do STF admite que partilhas sejam realizadas no exterior, desde que não alcancem imóveis aqui localizados; de outro lado, a jurisprudência não admite competência da justiça nacional para partilhar bens de inventário localizados fora do território brasileiro).

É defensável, embora não seja unânime (especialmente se for levada em conta a opinião dos processualistas), que as regras do art. 88 do CPC (o art. 89 é norma de ordem pública e, portanto, indisponível) poderão eventualmente ser afastadas por submissão voluntária à jurisdição estrangeira, a qual pode ser *expressa* ou *tácita.* Será *expressa* quando redigida *cláusula de eleição de foro* em contrato internacional (examinada a seguir, no capítulo 3); será *tácita* quando o réu, aqui domiciliado, comparecer perante a justiça estrangeira e produzir defesa, sem alegar exceção do foro.

Existem regras excepcionais ao CPC como o CDC (art. 101), CLT (art. 651), Lei nº 8.666/93, entre outras.

Existe também o Protocolo de Buenos Aires, para casos civis e comerciais de pessoas de direito privado domiciliadas no Mercosul. O protocolo — além de reconhecer a autonomia da vontade para eleição de foro — permite ao autor acionar o réu em seu domicílio, no local de cumprimento do contrato (como nossa legislação processual), e inova ao permitir ao autor acionar em seu domicílio se já tiver cumprido sua obrigação.

A conclusão parcial é a de que, muitas vezes, a ausência de um contrato escrito não isentará a parte domiciliada no Brasil de responder a processos no exterior. Por isso, no mais das vezes valerá a pena a parte fazer um contrato internacional por escrito, e nele prever o foro adequado (salvo se houver a alternativa de uma cláusula arbitral, preferível à eleição de foro por razões adiante elencadas). No entanto, isso não pode ser feito negligentemente, sob pena de não se atingir o efeito adequado, que é garantir o foro mais apropriado às partes.

Jurisdição das cortes norte-americanas em litígios internacionais

O modelo dos Estados Unidos da América (EUA) é baseado nos contatos mínimos e na reciprocidade *(minimum contacts* e *public comity).*[4]

A Corte Suprema assentou os critérios básicos para a regra geral de jurisdição das cortes estaduais norte-americanas sobre pessoas (*general personal jurisdiction*) — a jurisdição sobre coisas

---

[4] Sobre o tema, ver Timm (2006).

toma o nome de *in rem jurisdiction* — no caso International Shoe (International Shoe Co. *v.* Washington, 326 US 310): contatos mínimos (*mininum contacts*), equidade *(fair play)* e justiça substantiva *(substantial justice)*. Estabeleceu a Suprema Corte daquele país, ao permitir que a justiça do estado de Washington processasse e julgasse caso contra empresa sediada em outro estado da federação, mas que lá desenvolvia algumas atividades, como venda de produtos: "Jurisdição sobre a pessoa é adequada quando um réu não residente tem certos 'contatos mínimos' com o foro suficientes para que a manutenção da ação não ofenda os princípios de equidade e de justiça substantiva".[5]

Estes critérios de atribuição de jurisdição foram transplantados para casos internacionais, tais como em Helicópteros Nacionales de Colombia *v.* Hall e em World-wide Volkswagen.

Em síntese, definiu a Suprema Corte que seriam "contatos mínimos" aqueles pelos quais a pessoa propositadamente conduz atividades no estado do foro.[6] Esses "contatos mínimos" ocorrem quando resultados das ações do réu criam conexões substanciais com o foro, ou quando a parte envida esforços propositadamente direcionados ao estado.

No *leading case* Helicópteros Nacionales de Colombia a Suprema Corte dos EUA definiu os critérios de jurisdição internacional sobre estrangeiros.

Eis os fatos do caso (como é praxe expor a doutrina derivada dos precedentes no sistema do *common law)*: um helicóptero da empresa Helicol (sediada em Bogotá) caiu no Peru. Entre os

---

[5] No original, em inglês: "*Personal jurisdiction is proper when a nonresident defendant has certain minimum contacts with the forum such that the maintenance of the suit does not offend traditional notions of fair play and substantial justice*" (326 US 316).

[6] Hanson *v.* Denckla, 357 US 235.

falecidos estavam quatro cidadãos norte-americanos, que eram empregados da *joint venture* WSH, sediada no Texas e que operava no Peru por meio do consórcio. Esta empresa havia feito um contrato com uma empresa estatal peruana e contratado a Helicol para fornecer os helicópteros ao projeto. Houve negociações no Texas, mas o contrato foi assinado no Peru, designado como local de residência de todas as partes contratantes. Houve, ainda, treinamento do pessoal e aquisição de peças e helicópteros no Texas. Depois da queda de um helicóptero da empresa Helicol, os sobreviventes e os herdeiros dos quatro cidadãos norte-americanos mortos no acidente ingressaram com uma ação indenizatória na corte de Houston, Texas.

A Suprema Corte dos Estados Unidos então decidiria se os contatos de Helicol com o Texas seriam suficientes para atrair a jurisdição deste estado, ainda que a causa de pedir da ação não guardasse relação com qualquer atividade naquele fórum, nem a Helicol tivesse sede social, agência ou filial naquele mesmo estado.

A decisão tomada foi de que não há jurisdição das cortes do Texas sobre o litígio por não haver contatos mínimos, e pelo fato de a ação não ter como causa de pedir qualquer ato praticado ou relacionado com o estado diretamente.

A partir de então ficou assentada, em primeiro lugar, uma divisão entre jurisdição geral *(general jurisdiction)* e jurisdição específica *(specific jurisdiction)*. A primeira significa jurisdição de uma corte sobre qualquer questão ligada à pessoa (domicílio, incorporação de uma sociedade, contatos substanciais, contínuos e sistemáticos) cuja causa não guarde relação direta com o contato; a segunda está ligada apenas ao contato da parte com o fórum (uma franquia montada em um local através de parceiros locais como, por exemplo, Burger King Corp. *v.* Rudzewickz, 471 US 462; atos culposos praticados no local).

Infelizmente não existem testes mecânicos, líquidos e certos, havendo muita fluidez e margem para discricionariedade judicial, e a parte que não redige uma cláusula de eleição de foro fica sujeita a posições de tribunais daquele país, o que, somado ao modo de funcionamento de seu ordenamento jurídico, agrega bastante imprevisibilidade (*stare decisis doctrine*).

Em Burger King, a Suprema Corte estabeleceu o teste para a jurisdição *in personam* específica. No caso, que não é ainda internacional (mas interestadual), ela estendeu a jurisdição da corte estadual da Flórida a uma empresa sediada em Michigan que celebrou contrato de franquia na Flórida com a Burger King, sediada na Flórida, e cuja discussão dizia respeito a este contrato.

Nesse caso, ficou assentado que:

> Onde o réu deliberadamente conduziu atividades em um estado, [...] ou criou obrigações entre ele e residentes do estado foro, [...] o réu manifestamente se deu o privilégio de conduzir negócios ali, pois suas atividades estão escudadas pelos benefícios e pela proteção da lei do foro é presumidamente razoável requerer que o réu se submeta ao ônus de litigar naquele foro.[7]

Ou seja, a parte somente escaparia do foro alheio a sua sede se, e somente se, seus contatos com aquele foro fossem raros, fortuitos ou atenuados — *seldom, fortuitous or attenuated* (Burger King, 471 US 462).

---

[7] *Where the defendant deliberately has engaged in significant activities within a State, (...) or has created continuing obligations between himself and residents of the forum, (...) he manifestly has availed himself of the privilege of conducting business there and because his activities are shielded by the benefits and the protection of the forum's laws it is presumptively not unreasonable to require him to submit the burdens of litigation in that forum as well.* (Burger King, 471 US 475)

Em casos de responsabilidade civil *(torts)*, esses requisitos dos contatos mínimos estariam preenchidos com a colocação dos produtos na cadeia do comércio nacional ou internacional, com a expectativa de que eles fossem vendidos no fórum.

No *leading case* World-Wide Volkswagen, a Suprema Corte entendeu que a mera previsibilidade de que o produto vendido pudesse entrar em contato com pessoas do foro não seria contatos suficientes para submeter um não residente ao fórum.

No caso Asahi, a Suprema Corte aplicou o teste dos contatos dados pela doutrina da cadeia do comércio a um caso verdadeiramente internacional. Esse caso merece uma análise mais detalhada pela sua relevância à matéria em exposição. Quanto aos fatos do caso, Asahi é uma empresa sediada no Japão e produtora de equipamentos automobilísticos, sem qualquer escritório, distribuidor ou qualquer presença física nos EUA. CSR é uma empresa de Taiwan que montava as motocicletas com parte dos equipamentos adquiridos da Asahi e as colocava no mercado norte-americano. Gary Zurcher, cidadão norte-americano, sofreu um acidente com sua Honda na Califórnia. Zurcher ajuizou ação indenizatória contra ambas as empresas — Asahi e CSR — numa corte da Califórnia.

O que a Suprema Corte decidiu foi: sendo a fabricação de equipamentos fora dos EUA, mas podendo eles previsivelmente chegar ao seu mercado, estes seriam contatos suficientes para atribuir jurisdição de uma corte californiana a uma empresa japonesa? A decisão tomada foi que não.

Nesse caso, a Suprema Corte refinou o teste *steam of commerce doctrine*, entendendo que, além da colocação do produto no mercado, deveria haver uma firme intenção de atender ao mercado do fórum: *uma intenção ou objetivo de servir o mercado do estado foro* (480 US 102). Além disso, agregou uma análise de equidade e justiça substantiva *(fair play and substantial justice)*, entendendo que seria demasiado submeter a empresa japonesa a uma corte californiana sem substanciais interesses do fórum.

Esse propósito apareceria nos seguintes casos: (a) formatação dos produtos para atender aquele mercado do fórum; (b) publicidade naquele fórum; (c) estabelecimento de canais de distribuição para atender consumidores do fórum; (d) estabelecimento de agentes para atender consumidores no fórum.

A facilidade do estabelecimento de jurisdição sobre um caso pelas cortes norte-americanas atrai diversos estrangeiros não residentes em busca de indenizações milionárias — fato que se convencionou chamar de *forum shopping*. Trata-se de processos que poderiam ser ajuizados em outros locais, mas que a parte demandante prefere arriscar nos Estados Unidos. Por exemplo: diversos brasileiros vítimas de acidente aéreo envolvendo empresa nacional ajuizaram ações na Califórnia, sede do fabricante da turbina supostamente defeituosa. Brasileiros também têm ingressado nos autos de falência de fabricante de seios de silicone. E agora, recentemente, tem-se tido notícias de advogados norte-americanos oferecendo seus serviços a novas vítimas de acidente aéreo de grandes proporções ocorrido no norte do Brasil, pois haveria envolvimento, no acidente, de empresa norte-americana cuja aeronave teria colidido com outra de empresa sediada no Brasil.

Para enfrentar este problema do *forum shopping*, as cortes dos EUA criaram mecanismos para balancear o interesse público e a *public comity* com os interesses privados dos autores *(forum non conveniens)*. A ideia desta doutrina é assegurar que o processo seja conveniente aos litigantes e aos interesses da justiça. O teste que a justiça norte-americana faz para saber se existe outro foro adequado é verificar: (a) se houve cláusula de eleição de foro ou submissão tácita a outra jurisdição; (b) se existe outra corte disponível e mais apropriada (testemunhas, documentos etc.).

Outro aspecto interessante do processo internacional nos EUA, como dito, é que tribunais americanos podem conceder *anti-suit injuctions,* que são ações mandamentais que comportam liminares (*preliminary injuctions*) para coibir a parte não residente processada nos EUA de ingressar com ações em tribunais do seu país, com risco de pesadas multas e mesmo de *contempt of court.* Isso é importante porque alguns advogados brasileiros podem aconselhar as empresas a fazerem cláusulas de eleição de foro para algum tribunal norte-americano, tendo em consideração o enfraquecimento desta cláusula em alguns tribunais domésticos (certos de que poderiam, ainda assim, ingressar com ações no Brasil), mas tal estratégia pode colidir com este remédio (*anti-suit injunctions)* desenvolvido na *common law* norte-americana.

O modelo europeu de jurisdição internacional

Outro modelo de estabelecimento de jurisdição é o europeu, que está embasado na Convenção de Bruxelas, de 1968. A regra geral de jurisdição é a do domicílio (a parte deve ser demandada no tribunal de seu domicílio) — art. 2º, salvo para casos envolvendo a discussão de direitos reais relativos a bens imóveis (foro do local da coisa), atos constitutivos societários (foro da incorporação), atos registrais da propriedade industrial (foro da sede do órgão registral) — art. 16. Afora isso, estabelece regras de jurisdição especial (para não residentes) a serem processados fora de seu domicílio:

- tribunal do local do cumprimento do contrato civil ou empresarial — art. 5º, alínea "1";

- tribunal do local da execução da prestação de serviços, no contrato individual de trabalho — art. 5º, alínea "1";

- tribunal onde o evento danoso aconteceu — art. 5º, alínea "3";

- tribunal de localização da filial, agência ou estabelecimento comercial, pelos seus atos — art. 5º, alínea "5";
- tribunal do domicílio do consumidor ou da empresa — art. 14.

A convenção, em seu art. 21, tem regra específica sobre a litispendência. Dispõe que, em havendo discussão das mesmas partes sobre a mesma *cause of action*, a primeira corte acionada deve ter a prevalência sobre o caso para acertar jurisdição, devendo a outra corte suspender o processo e mesmo declinar da jurisdição uma vez que esta seja definida pela primeira corte acionada.

Cooperação judiciária: execução de sentenças estrangeiras e cartas rogatórias

A economia globalizada torna os Estados mais interdependentes, pois a noção tradicional territorial de soberania não é suficiente para enfrentar os problemas inerentes ao caráter transnacional da atividade empresarial — inclusive no que diz respeito aos litígios por ela gerados. No mais das vezes, empresas fazem negócios em diversos países por meio de subsidiárias, filiais, sucursais ou agências, mas seus ativos se concentram na sua sede social. Os países precisam cooperar entre si para que seu Poder Judiciário funcione em escala global. Baseados na ideia básica de reciprocidade extraída das relações internacionais, Estados devem reconhecer sentenças provenientes de outros países contra seus nacionais para que decisões suas contra estrangeiros sejam também reconhecidas no domicílio do devedor (o que toma o nome técnico, no Brasil, de "homologação de sentença estrangeira").

Também é preciso cooperar com a prática de atos processuais relativamente a processos que transcorram em outro país — como atos citatórios, oitiva de testemunhas, produção de provas —, a fim de que outros países colaborem com o andamento de processos brasileiros (o que se dá pela via da carta rogatória).

No Brasil, os requisitos para a homologação de uma sentença estrangeira aparecem no art. 15 da Licc, associando ao controle da ordem pública (chamada de "juízo de delibação") alguns requisitos formais (tradução juramentada, cópia autenticada e consularizada, comprovação do trânsito em julgado da decisão). Também é importante, sobre a homologação de sentença estrangeira, a Convenção Interamericana sobre Reconhecimento de Sentenças e de Cartas Rogatórias (Cidip II), firmada sob os auspícios da Organização dos Estados Americanos (OEA), bem como protocolos bilaterais firmados pelo país.[8]

Neste aspecto das fontes internacionais, é igualmente importante observar-se o Protocolo de Las Leñas, sobre cooperação judiciária no âmbito do Mercosul. Este protocolo isentaria a parte de homologar a decisão de tribunais dos Estados-Partes, havendo a possibilidade de execução direta via carta rogatória (CR), o que foi efetivamente aplicado pelo STF, com algumas nuanças, na CR 8.240/1998.

O Brasil alterou a competência para homologação de sentenças e de laudos arbitrais estrangeiros via Emenda Constitucional nº 45/2004, passando esta matéria para o âmbito de atuação da competência originária do STJ, e não mais do STF (CF, art. 105). O STJ emitiu a Resolução nº 09/2005, e tem homologado sentenças e laudos arbitrais estrangeiros. A jurisprudência do STF, mantida pelo STJ, para exemplificar, é a de que não é homologável a decisão estrangeira que correu à revelia da parte brasileira se a sua citação não tiver sido realizada via carta rogatória, por entender que isso viola a ordem pública nacional.

---

[8] Para uma lista destes protocolos, acessar <www.mj.gov.br> no ícone cooperação judiciária.

A homologação do julgado estrangeiro se dá mediante ação própria, com rito especial, de competência originária do STJ, instruída com os documentos previstos em lei. Haverá um contraditório nessa ação, podendo a parte domiciliada no Brasil (que será citada nesse procedimento) produzir defesa. Ouvido o Ministério Público Federal, decide o presidente do STJ, com direito a recurso ao plenário do tribunal.

As cartas rogatórias também passaram para o âmbito de competência do STJ, sendo o cumprimento destas medidas *(exequatur)* matéria afeita à Justiça Federal (CF, art. 109). Assim, se o STJ entender por bem a realização de determinado ato citatório de uma parte domiciliada no Brasil em processo que corre no exterior, será o cumprimento determinado à seção judiciária federal competente. As cartas rogatórias também são disciplinadas pela citada Resolução nº 09 do STJ.

No exemplo hipotético de um contrato entre uma empresa brasileira fabricante de um produto e seu distribuidor sediado no estado da Califórnia (EUA), poderia a ação ser ajuizada naquele estado norte-americano (salvo cláusula em contrário), pois é o local onde o contrato está sendo executado (já que a atividade de distribuição está ocorrendo naquele território). Não sendo um tema de competência da Justiça brasileira (arts. 88 e 89 do CPC) — nem concorrente, nem exclusiva —, uma vez terminado o processo nos Estados Unidos com a condenação da empresa brasileira, o distribuidor norte-americano poderia homologar aquela decisão californiana no Brasil, para aqui executar a sentença (pois aqui estão os bens do devedor).

E a maneira de citar a parte brasileira naquele processo que transcorreria nos Estados Unidos seria a carta rogatória, solicitada pela Justiça norte-americana à Justiça brasileira (STJ). Caberia à Justiça Federal da sede da empresa brasileira o cumprimento da citação *(exequatur)* e igualmente o processo de execução de quantia certa. Para homologar aquela decisão da justiça da Califórnia no Brasil, o procedimento mais aconselhado seria contratar os serviços de profissional inscrito na Ordem dos Advogados do Brasil, para ajuizar a ação de homologação perante o STJ e acompanhar o procedimento até o seu final (o que poderia durar alguns meses, pois tratar-se-ia de jurisdição litigiosa e não de uma mera "homologação" documental, como o nome vulgarmente poderia indicar).

Os pedidos de carta rogatória normalmente são encaminhados para ou pelo Ministério da Justiça brasileiro (quando há acordos de cooperação judiciária entre os Estados) — que é a autoridade central brasileira de cooperação judiciária — ou, ainda, para ou pelo Ministério das Relações Exteriores (quando não há acordos bilaterais ou multilaterais de cooperação). Percebe-se, portanto, que a existência de acordo de cooperação não é condição *sine qua non* para o cumprimento de cartas rogatórias e nem mesmo de homologações de sentenças estrangeiras.

A carta rogatória de processo que tramita no Brasil e destinada a cumprimento em tribunal estrangeiro toma o nome de *carta rogatória ativa*. Já a cooperação judiciária de um ato processual (no Brasil) de processo que tramita no exterior toma o nome de *carta rogatória passiva*. Na ativa não há envolvimento do STJ, sendo um trâmite direto via Ministério da Justiça ou Ministério das Relações Exteriores, mediante a remessa da carta rogatória elaborada pelo juiz brasileiro nos termos do art. 202 do CPC e acompanhada dos documentos lá descritos (petição inicial, documentos que instruem o feito, tradução juramentada). Já na carta rogatória passiva há a necessidade do controle de ordem pública feita pelo STJ, além das formalidades documentais (carta rogatória original emitida pela Justiça rogante, consularizada e autenticada, e sua tradução juramentada).

Assim, por exemplo, se um representante comercial brasileiro desejar processar a empresa representada que tem sede na Itália, ele deverá ajuizar a sua ação na justiça comum do estado brasileiro em que estiver domiciliado (competência concorrente da justiça brasileira, pois a execução dos serviços de representação estaria ocorrendo no Brasil). Distribuído o processo para um juiz competente, será determinada a citação via carta rogatória. Munida da tradução e dos documentos descritos no art. 202 do CPC, a parte interessada enviará o expediente ao Ministério da Justiça brasileiro, o qual dará o necessário encaminhamento à justiça italiana. Cumprido o ato requerido, o Ministério da Justiça devolverá a carta com a prova de seu cumprimento ao juízo rogante. Para produzir sua defesa no Brasil, a empresa italiana terá que constituir advogado inscrito na Ordem dos Advogados do Brasil.

São novidades da Resolução nº 9/2005 do STJ: possibilidade de rogatórias de medidas liminares em processos cautelares movidas no exterior (art. 7º) e medidas de urgência a serem concedidas pelo relator do processo de homologação de sentença estrangeira (art. 4º).

Compreendidas as regras sobre jurisdição nacionais e estrangeiras e sobre cooperação judiciária, cumpre agora examinar os casos de imunidade de jurisdição.

Imunidade de jurisdição

A imunidade de jurisdição decorre da ideia de que um Estado, por não estar sujeito aos demais, não pode ser submetido a decisões de um Poder Judiciário que não seja o seu. Ela está, portanto, fortemente vinculada ao conceito de soberania externa, a qual se caracteriza pela inserção do Estado na ordem internacional em situação de igualdade com os demais Estados, sem que haja qualquer vínculo de sujeição em suas relações.

Além da imunidade de jurisdição do próprio ente estatal, é necessário ressaltar que o direito diplomático também regula a questão dos privilégios e garantias dos representantes daquele Estado soberano. Nesse sentido, existem, na atualidade, duas convenções celebradas em Viena: uma sobre relações diplomáticas, assinada em 1961, e outra sobre relações consulares, assinada em 1963.

As referidas convenções estabelecem normas de administração e protocolo diplomáticos e consulares, e ainda estipulam regras para que o governo do Estado local tenha ciência da nomeação de agentes estrangeiros de qualquer natureza para exercer funções em seu território, bem como da seleção de pessoas residentes no local para que prestem serviços à missão estrangeira.

O ponto central de tais tratados, contudo, é o tratamento dos privilégios que diplomatas e cônsules possuem no Estado estrangeiro.

Os membros do quadro diplomático — pessoas que representam o seu Estado junto ao soberano local e estabelecem o trato bilateral dos *assuntos de Estado* — gozam de ampla imunidade de jurisdição penal, civil e tributária, assim como os membros de suas respectivas famílias, desde que vivam sob sua dependência e estejam incluídos na lista diplomática.

Por sua vez, os membros do quadro consular — pessoas que representam seu Estado para cuidar de interesses privados ou de seus compatriotas que ali se encontrem — gozam de imunidade ao processo penal ou cível apenas com relação a seus atos de ofício (isto é, atos estritamente vinculados à sua atividade consular). Dessa forma, tais indivíduos podem ser processados e condenados por crimes comuns (ou seja, crimes que não estejam relacionados com a função consular).

No que diz respeito à extensão da imunidade de jurisdição do próprio Estado soberano, existem duas teses a respeito do tema: a absoluta e a relativa.

Historicamente, a sujeição de um Estado estrangeiro à jurisdição de outro era inaceitável, ou seja, havia uma impossibilidade total de um Estado ser parte num processo julgado pelo Poder Judiciário de outro Estado soberano, não importando o tipo de questão jurídica que estivesse sendo analisada.

Essa doutrina da imunidade absoluta de jurisdição, contudo, foi gradualmente substituída, já no início do século passado, pela teoria da imunidade relativa, pela qual um Estado é submetido à jurisdição de outro em todas as situações em que o Estado puder ser equiparado a um particular. Tal evolução ocorreu em virtude da intenção dos Estados de atuar em setores econômicos tradicionalmente conhecidos como "privados". Dessa forma, não tardou a surgir um movimento contrário à invocação de imunidade em processos judiciais oriundos de questões surgidas de suas atividades competitivas, o que configuraria, por certo, uma injusta desvantagem para os particulares e pessoas jurídicas de direito privado que transacionavam com governos.

Com a mudança da regra internacional proporcionada pela adoção desse novo paradigma, vislumbrou-se uma mudança no conteúdo da própria imunidade de jurisdição. Isso porque a teoria da imunidade relativa sustenta que, caso um Estado estrangeiro lese um ente privado ao atuar de modo meramente particular, será injusto negar a esse último a reparação de seu direito violado.

Assim, existem dois tipos de atos que devem ser considerados quando se analisa o exercício da jurisdição de um Estado sobre outro. O ato pode ser de império, quando envolve diretamente matéria de soberania nacional, ou de gestão, quando o Estado faz uso das prerrogativas comuns a todos os indivíduos.

A teoria clássica da imunidade absoluta já foi abandonada na grande maioria dos países. Pode-se referir, nesse sentido, o State Immunity Act, do Reino Unido, de 1978; o State Immunity Act, do Canadá, de 1982, bem como leis adotadas na Argentina, na Austrália e na África do Sul, todas elas adotando a teoria da imunidade relativa.

Merece especial atenção, contudo, a situação dos Estados Unidos. Por meio da adoção do Sovereign Immunities Act, de 1978, aquele país passou a adotar a visão de que, de acordo com o direito internacional, os Estados não estão imunes à jurisdição de tribunais estrangeiros no que concerne, entre outras hipóteses, a suas atividades comerciais, e que suas propriedades comerciais podem ser sequestradas para garantir a execução de sentenças proferidas contra eles em conexão com suas atividades comerciais, desde que determinadas condições sejam cumpridas.

Nesse sentido, a Suprema Corte estabeleceu um importante precedente em Republic of Argentina *v.* Weltover, Inc. (504 US 607), de 1992, onde analisou um caso em que o governo argentino havia emitido títulos (conhecidos como *bonds*) que refinanciavam débitos já existentes, sendo que o pagamento do principal e dos juros aos credores seria feito em uma instituição financeira sediada em Nova York. Na medida em que o governo argentino, unilateralmente, postergou o prazo final de pagamento dos títulos, três credores ingressaram com ação judicial nos Estados Unidos com vistas a obter o pagamento imediato dos valores. A Suprema Corte entendeu que as cortes norte-americanas tinham jurisdição sobre o governo argentino, pois o ato de emissão dos títulos era uma "atividade comercial", conforme estipulava o Sovereign Immunities Act.

No Brasil, antes da promulgação da Constituição de 1988, os tribunais negavam-se a julgar processos em que Estados estrangeiros figurassem como parte. Era garantida a estes, portanto, a imunidade absoluta de jurisdição.[9]

---

[9] Vejamos, nesse sentido, a ementa do seguinte julgado do Supremo Tribunal Federal. Apelação cível 9705, relator ministro Moreira Alves, julgado em 9-9-1987: "Apelação cível contra decisão prolatada em liquidação de sentença. Imunidade de jurisdição do Estado estrangeiro. Esta corte tem entendido que o próprio Estado

Após a Constituição de 1988, contudo, o Supremo Tribunal Federal passou a aplicar a teoria da imunidade relativa — retirando aplicação à teoria da imunidade de jurisdição — inicialmente aos casos relativos a matérias trabalhistas.

Em 1990, o Superior Tribunal de Justiça teve a oportunidade de manifestar-se, pela primeira vez, a respeito da aplicação da teoria da imunidade relativa para questões eminentemente comerciais. Em seu voto, o ministro Sálvio de Figueiredo Teixeira manifestou-se da seguinte forma:

> Essa, inegavelmente, é a hipótese vertida nos autos, nos quais a recorrida pretende haver da recorrente crédito correspondente ao fornecimento de materiais [vidros] para a construção da Chancelaria daquele país em Brasília. Assunto marcadamente rotineiro e de natureza comercial, que não isenta a recorrente de se ver demandada, quanto ao ponto, perante a Justiça brasileira [...].[10]

Mais recentemente, em 2005, o Superior Tribunal de Justiça reforçou ainda mais seu posicionamento, explicitando que se afasta a imunidade jurisdicional do Estado estrangeiro quando a questão for de natureza civil, comercial ou trabalhista.

---

estrangeiro goza de imunidade de jurisdição, não só em decorrência dos costumes internacionais, mas também pela aplicação a ele da Convenção de Viena sobre relações diplomáticas, de 1961, nos termos que dizem respeito à imunidade de jurisdição atribuída a seus agentes diplomáticos. Para afastar-se a imunidade de jurisdição relativa à ação ou à execução (entendida esta em sentido amplo), é necessário renúncia expressa por parte do Estado estrangeiro. Não ocorrência, no caso, dessa renúncia. Apelação cível que não se conhece em virtude da imunidade de jurisdição".

[10] Ag 757/DF, relator ministro Sálvio de Figueiredo Teixeira, Quarta Turma, julgado em 21-8-1990, DJ 1-10-1990.

Tributário. Recurso ordinário. Execução fiscal. Estado estrangeiro. IPTU e taxas. Honorários advocatícios. Fazenda pública condenação.

1. Afasta-se a imunidade jurisdicional do Estado estrangeiro quando a questão subjacente é de natureza civil, comercial ou trabalhista, ou, de qualquer forma se enquadre no âmbito do direito privado.[...][11]

Importa ressaltar que, muito embora os tribunais brasileiros considerem não existir imunidade em tais casos, isso não implica que seja possível ingressar com ação de execução para garantir a efetividade do provimento judicial contra o Estado estrangeiro. Consoante se verifica pela recente jurisprudência do Supremo Tribunal Federal, a imunidade do Estado estrangeiro à jurisdição executória é absoluta, salvo a hipótese de expressa renúncia por parte do Estado:[12]

> Imunidade de jurisdição. Execução fiscal movida pela União contra a República da Coreia. É da jurisprudência do Supremo Tribunal que, salvo renúncia, é absoluta a imunidade do Estado estrangeiro à jurisdição executória: orientação mantida por maioria de votos. Precedentes: ACO 524-AgR, Velloso, DJ 9-5-2003; ACO 522-AgR e 634-AgR, Ilmar Galvão, DJ 23-10-98 e 31-10-2002; ACO 527-AgR, Jobim, DJ 10-12-99; ACO 645, Gilmar Mendes, DJ 17-3-2003. Por fim, no que diz respeito a questões tributárias, o Superior Tribunal de Justiça entende ser aplicável a imunidade de jurisdição:[13]

---

[11] RO 45/RJ, relator ministro Castro Meira, Segunda Turma, julgado em 17-11-2005, DJ 28-11-2005, p. 240.

[12] ACO-AgR 543/SP — Agravo regimental na ação cível originária, relator ministro Sepúlveda Pertence, Tribunal Pleno, julgamento em 30-8-2006.

[13] RO 49/RJ, relator ministro José Delgado, Primeira Turma, julgado em 17-10-2006, DJ 7-11-2006.

Processual e tributário. Recurso ordinário. Execução fiscal. IPTU e taxa. Isenção. Convenção de Viena.
[...]
2. A jurisprudência desta Corte é no sentido de que em matéria tributária o Estado estrangeiro detém imunidade de jurisdição, nos termos das Convenções de Viena de 1961 e 1963.
3. O STF já declarou inconstitucional a cobrança da taxa de limpeza pública e iluminação pública ante a ausência de especificidade. Indevida, portanto, sua cobrança.
4. Recurso conhecido e não-provido.

Principal método de solução de controvérsias: a arbitragem

No momento atual, percebe-se claramente certo afogamento do sistema judicial estatal, não somente no Brasil, mas em todo o mundo. Este sistema está aquém das necessidades de agilidade e mudança e, com certeza, de transnacionalidade que os negócios atuais estão adquirindo. Nesse sentido, um instituto antigo acaba, hoje, ganhando novo destaque por poder se adaptar melhor a este processo de transformação: a arbitragem.

A arbitragem, amplamente reconhecida no Brasil pela legislação e pelos tribunais, é uma alternativa à jurisdição do Estado. Dentro dos limites fixados em lei (Lei nº 9.307/96), as partes podem pactuar livremente que os litígios decorrentes de um contrato, por exemplo, não serão resolvidos definitivamente pelo Poder Judiciário, mas sim por árbitros.[14]

A arbitragem é um processo privado, normalmente rápido e eficaz, de resolução de conflitos, ao qual as partes se submetem

---

[14] Sobre o tema, ver Carmona (2004); Garcez (2007).

no sentido de chegar a um resultado único e estabelecido. Ela se distingue da mediação justamente porque o árbitro, ao contrário do mediador, julga a lide como terceiro desinteressado (jurisdição privada), mediante um procedimento que garante o devido processo legal. Costumam-se apontar as seguintes vantagens da arbitragem em relação à justiça estatal:

- celeridade — arbitragem tende a se desenrolar com menos formalidade e com mais rapidez;
- especialidade — o árbitro eleito tende a ser um especialista na matéria em disputa, ao contrário do magistrado, que nem sempre detém a *expertise* necessária, como em transferências de tecnologia, por exemplo;
- sigilo — não há, na arbitragem, o dever de publicidade dos atos processuais, como ocorre na jurisdição estatal;
- mais economia — em termos de custo-benefício, no mais das vezes a maior celeridade do procedimento arbitral e a especialidade do árbitro podem compensar o maior custo financeiro da arbitragem, que requer pagamento ao(s) árbitro(s) e ao órgão arbitral.

Para instituir esse procedimento, o contrato firmado entre as partes deve prever uma cláusula compromissória de arbitragem (como se examinará no capítulo 3). Assim, qualquer litígio entre as partes será resolvido por um tribunal arbitral, já que a denominada cláusula tem força obrigatória entre os contratantes. Há, também, a possibilidade de as partes acordarem a utilização da arbitragem após ter-se instaurado o conflito, a fim de evitar que este se transforme em uma lide judicial, porém tais casos demonstram-se raros (compromisso arbitral — art. 9º da Lei nº 9.307/96).

Apesar de a lide ser decidida por um árbitro, em vez de um juiz de direito, diversas são as oportunidades em que as partes e os próprios árbitros recorrem ao Poder Judiciário para resolver questões relativas ao procedimento arbitral. Um desses casos pode ocorrer quando há necessidade de instauração de medidas cautelares pré-arbitrais. Assim, antes da instauração do procedimento arbitral, ou seja, antes que os árbitros tenham aceitado sua nomeação para a resolução do conflito, as partes podem recorrer ao Poder Judiciário para obter medidas cautelares, desde que não tenham acordado de forma diferente. Nesse sentido, por exemplo, são as medidas cautelares que visam produzir ou preservar provas que as partes pretendam utilizar durante o procedimento arbitral, e que se configurem fundamentais ao desenvolvimento do correto procedimento decisório. Caso as partes tenham excluído anteriormente o Poder Judiciário da apreciação de tais medidas, algumas instituições arbitrais possuem regulamentos próprios para instauração dessas medidas cautelares.

Ocorrendo litígio, no início do procedimento arbitral as partes apontam um ou mais árbitros, dependendo do disposto na cláusula arbitral. Normalmente, esses profissionais são especialistas na área do conflito, o que facilita sua resolução, haja vista que, em alguns casos, o nível de tecnicidade do problema leva os juízes ordinários a não conseguirem compreender completamente o problema em si (da mesma forma como um técnico no assunto poderia compreender). As partes também podem determinar o prazo para a conclusão da arbitragem. Todo o processo é sigiloso, sendo que apenas as partes podem quebrar o sigilo. Desse modo, confere-se celeridade à resolução do litígio e segurança às partes, que se certificam de que não haverá "vazamentos" indesejáveis de informações ao mercado.

Além disso, a arbitragem tem, hoje, segurança jurídica. Com a edição da Lei nº 9.307/96, a cláusula de arbitragem inserida nos contratos passou a ter força obrigatória entre as partes. Assim, assinada a cláusula, caso as partes não cheguem a um acordo em relação aos conflitos oriundos do contrato, estes não poderão ser resolvidos na esfera judicial, mas apenas diante de um tribunal arbitral — diferentemente do que ocorre na escolha de foro, em que alguns tribunais, ainda por questão de competência territorial oriunda do Código de Processo Civil (art. 88), acabam por se dizer competentes e aceitam a demanda.

As regras do procedimento arbitral são livres, podendo ser fixadas, inclusive, pelas partes, pelos órgãos arbitrais ou pelos árbitros. Entretanto, há limites que devem ser respeitados, como o direito ao contraditório, igualdade das partes, imparcialidade e livre convencimento do árbitro. Esses princípios — que também devem ser respeitados no processo judicial — se não observados podem dar causa à nulidade da sentença arbitral.

Segundo a Lei nº 9.307/96, não é necessário o acompanhamento do processo arbitral por advogado, ficando a critério das partes interessadas a respectiva contratação. Ademais, caso haja uma parte recalcitrante, ou seja, que se negue a se submeter ao procedimento arbitral após ter assinado cláusula nesse sentido, existem instrumentos legais que permitem compeli-la a aderir ao processo arbitral. De um modo geral, os órgãos arbitrais têm previsto em seus regimentos multas que são impostas aos que convencionam a arbitragem e, posteriormente, dificultam a instalação do respectivo processo.

O processo arbitral tem seu fim com a sentença arbitral, firmada pelo(s) árbitro(s), cuja eficácia é a mesma da sentença judicial. Se a parte vencida não cumprir a sentença arbitral, deve-se promover sua execução, tal como se faria no caso de uma sentença judicial ordinária. Normalmente este procedimento tem como custos: (a) despesas administrativas do órgão arbitral e (b) honorários dos árbitros. Há tabelas destes custos, adotadas pelas entidades arbitrais, que devem ser previamente conhecidas pelas partes. Em vista do todo, a arbitragem é, se bem administrada, um bom instrumento para se assegurar a resolução de controvérsias advindas de contratos internacionais.

Cabe lembrar também que o laudo ou sentença arbitral tem a mesma eficácia da sentença judicial, prescindindo de homologação de qualquer natureza. Tal homologação faz-se necessária pelo STJ apenas nos casos de arbitragens cuja decisão é proferida fora do território nacional, por serem consideradas "arbitragens internacionais", independentemente da nacionalidade do(s) árbitro(s). Quando da homologação da sentença arbitral, o STJ apenas examina sua validade formal, não julgando o mérito da questão. Caso a sentença arbitral esteja formalmente correta, ela será homologada pela corte, sem se adentrar na questão meritória da decisão em si. Ademais, não há mais espaço para se arguir a inconstitucionalidade da Lei nº 9.307, por esta já ter sido expressamente declarada, pelo Supremo Tribunal Federal, como plenamente de acordo com a Constituição Federal e, dessa forma, plenamente em vigor.

Vejamos, exemplificativamente, o seguinte acórdão do TJ/RS, sabidamente aquele que, por questões ideológicas, costumava ser o mais resistente em relação à arbitragem:

> Contrato internacional de licenciamento. Rescisão unilateral. Pedido de manutenção do contrato. Eleição de juízo arbitral. Limite à jurisdição. Inexistência de afronta ao art. 5º, XXXV, da CF. Pedido juridicamente impossível frente à limitação convencionada pelas próprias partes.
> Com efeito, devendo ser cumprida no Brasil a obrigação contratual, é competente para examinar eventual demanda, conforme os arts. 12 da LICC e 88 do CPC, a autoridade judiciária brasileira. Mas a admissão da competência da Justiça brasileira significa, apenas, que o caso há de ser examinado, ainda que seja para reconhecer o limite à jurisdição frente à cláusula arbitral.

Cabe a cada Estado definir o alcance de sua própria jurisdição e o Brasil, ao editar a Lei 9.307/96, acabou por instituir uma limitação à intervenção judicial na arbitragem privada. E, não se pode deixar de consignar, não há qualquer inconstitucionalidade nesta lei, como já afirmou o Supremo Tribunal Federal na SE nº 5.206/Espanha. A leitura da cláusula firmada pelas partes não deixa dúvidas de que todas as questões pertinentes ao contrato devem ser dirimidas pelos árbitros eleitos, inclusive, evidentemente, a questão que diz com a manutenção ou não do contrato no período de pendência do juízo arbitral. Destarte, por expressa convenção das partes, não cabe ao judiciário examinar o cabimento da postulação da autora, e isto, como já mencionado, por ser a livre expressão da vontade das partes, envolvendo apenas questões patrimoniais privadas, não afronta de forma alguma o art. 5º, XXXV, da Constituição Federal.[15]

Percebe-se, portanto, que mesmo o TJ/RS se rendeu ao entendimento esposado pelas cortes superiores, especialmente pelo STF no julgamento da SEC nº 5.206, de que a cláusula arbitral ou compromissória é válida, constitucional e afasta a competência da jurisdição estatal.[16]

O STJ, em diversos julgados, vem reconhecendo a validade da arbitragem, como nos julgamentos dos REsp 712566/RJ, SEC nº 856, todos disponíveis no site <www.stj.jus.br>.

---

[15] TJ/RS, Apelação Cível nº 70011879491, Nona Câmara Cível.
[16] Disponível em <www.stf.jus.br>.

3

O contrato internacional – a regulação do comércio internacional pela via da *lex mercatoria*

Devido à dinâmica das relações comerciais na era da globalização, a conclusão de contratos entre pessoas estabelecidas em países diferentes tem sido cada vez mais corrente. O contrato internacional é um dos instrumentos pelos quais uma empresa busca sua inserção no mercado internacional, por meio de uma compra e venda feita a um parceiro no exterior, por exemplo. A contratação internacional difere da nacional por fatores peculiares a esta, como as questões de lei aplicável e de foro competente.

Contratos internacionais – parte geral e principais cláusulas

Um contrato, via de regra, é considerado internacional, pela ótica do direito, quando apresenta um elemento que o "conecte a dois ou mais ordenamentos jurídicos". Essa conexão pode ser feita pela força do domicílio, da nacionalidade, da sede principal dos negócios, do lugar do contrato, do lugar da execução do contrato, ou de qualquer outra circunstância que exprima uma ligação indicativa de qual o direito que vem a ser aplicável no caso concreto. Assim, a título exemplificativo, basta que uma das partes seja domiciliada em um país e o contrato seja cumprido em outro para que esteja caracterizado seu fator internacional.

Desse modo, na doutrina jurídica, é internacional aquele contrato que contém um "elemento de estraneidade", ou seja, aquele fator jusprivatista que conecta uma determinada relação negocial a mais de um ordenamento jurídico estatal (normalmente o local de domicílio das partes contratantes, ou o local de execução do contrato).

Em comércio exterior, o contrato internacional é aquele que envolve um fluxo internacional de mercadorias, ou seja, uma operação de importação ou exportação (envolvendo, portanto, atividades de despacho aduaneiro[17] na fronteira, no porto ou mesmo no aeroporto de um país).

A legislação brasileira admite estes dois critérios ao definir os contratos que podem ser estipulados em moeda estrangeira — justamente pelo seu caráter inequivocamente internacional — no Decreto-Lei nº 857/69, em seu art. 2º:

> Art. 2º [...]
> I – aos contratos e títulos referentes a importação ou exportação de mercadorias;
> II – aos contratos de financiamento ou de prestação de garantias relativos às operações de exportação de bens de produção nacional, vendidos a crédito para o exterior;
> III – aos contratos de compra e venda de câmbio em geral;
> IV – aos empréstimos e quaisquer outras obrigações cujo credor ou devedor seja pessoa residente e domiciliada no exterior, exce-

---

[17] Aqui estamos seguindo Baptista (1994).

tuados os contratos de locação de imóveis situados no território nacional;

V – aos contratos que tenham por objeto a cessão, transferência, delegação, assunção ou modificação das obrigações referidas no item anterior, ainda que ambas as partes contratantes sejam pessoas residentes ou domiciliadas no país.

De um modo geral, os contratos internacionais mais correntes são os contratos de compra e venda de mercadorias, franquia, *factoring, leasing,* distribuição, agenciamento, *joint venture* e transferência de tecnologia, transporte e licenciamento. No entanto, as possibilidades de contratação internacional são inúmeras, não se esgotando nestas possibilidades.

Como visto no capítulo 1, os contratos internacionais, por terem conexão com mais de um país, têm o caráter de poderem ser regidos por uma ou mais legislações internas de países diferentes, ou por convenções internacionais, ou, ainda, por regras originadas pelas práticas dos próprios comerciantes, como é o caso da aplicação de uma *lex mercatoria*. Portanto, não é incomum que partes de um mesmo contrato sejam submetidas a regimes jurídicos diversos. Nesse contexto, são correntes as dúvidas que os contratantes enfrentam quanto a fatores como a jurisdição e a lei aplicável a contratos de que fazem parte.

Também como visto no capítulo 1, em cada país há regras criadas especialmente para as situações conectadas a mais de um sistema jurídico. Essas normas, chamadas de *regras de conexão*, integrantes do sistema de direito internacional privado de cada Estado, são utilizadas pelo juiz competente (de acordo com os critérios examinados no capítulo 2) para determinar qual é a lei aplicável a determinada situação.

Há, entretanto, situações em que as próprias partes escolhem a lei a ser aplicada ao contrato mas, algumas vezes, esta escolha feita pelas partes não é eficaz, devido a impedimentos determinados por alguns fatores como, por exemplo, nas hipóteses em que tal escolha fere a *ordem pública* do país do juiz que conhece de uma eventual causa originada do contrato.

Como explicado, nos diversos sistemas jurídicos existem critérios para determinar a lei aplicável ao contrato. Os mais utilizados eram, tradicionalmente, a lei local de celebração do contrato, nos países de direito civil (Europa Continental e toda a América Latina, entre outros), e o da lei do local de execução, nos países da *common law* (países anglo-saxões, como os EUA e a Inglaterra). Esses critérios foram, aos poucos, sendo substituídos por outros mais flexíveis, especialmente pelo princípio da proximidade ou dos vínculos mais estreitos, ou seja, a lei seria aquela que possuísse maior ligação com os fatos ocorridos (embora no Brasil permaneçamos sob a égide da Licc de 1942).

Como as regras de conflito e substantivas (de mérito do litígio) variam de país para país, procurou-se a sua harmonização internacional governamental, como, por exemplo, por meio da Convenção da Uncitral sobre Compra e Venda Internacional, bem como pela harmonização espontânea (*lex mercatoria,* de acordo com princípios Unidroit). Nesse ponto, pode-se colocar que há uma tendência, observada em ambos os casos, de uniformização, no sentido de permitir às partes liberdade na escolha da lei aplicável à sua situação específica.

A formação do contrato internacional não é muito diferente daquela do contrato nacional. Ele se forma pelo encontro de vontades (*meeting of minds*) de dar, fazer ou não fazer algo (ou, dito de outro modo, de adquirir um produto ou um serviço) com seriedade e intenção jurídicas. Tecnicamente, diz-se que o contrato se forma quando uma proposta ou oferta (*offer*) é seguida de uma aceitação (*acceptance*).[18] Normalmente não há formalidade para isso nos contratos internacionais mais usuais, podendo oferta e aceitação serem feitas pelo telefone, fax, e-mail, teleconferência, videoconferência.

O tratamento da proposta e da aceitação, inclusive com suas consequências obrigacionais, segue o direito aplicável pela regra de direito conflitual. Por exemplo, aplicável o direito brasileiro pela Licc, devem-se seguir as normas do Código Civil atinentes ao tema (arts. 427 e seguintes) para saber o prazo de validade da proposta e o prazo para resposta. No Brasil, em contratos entre presentes, a proposta tem validade imediata e perde efeito se não for aceita na mesma ocasião da oferta (salvo estipulação em contrário), ao passo que, na contratação entre ausentes (fax, e-mail, carta pelo correio), a validade da proposta é baseada na razoabilidade para reflexão e resposta (salvo em caso de previsão expressa de um prazo, quando, então, a proposta será válida durante este lapso temporal).

Mas, mesmo que o contrato internacional possa se formar verbalmente, o mais recomendável é a redação de um instrumento escrito, que forma prova documental para ser usado em todo e qualquer tribunal estatal. E ainda enseja, com algumas limitações (maiores ou menores, dependendo do país), que as próprias partes regulamentem seu relacionamento com a estipulação de cláusulas que determinem as condições fundamentais do negócio.

Nessa esteira, as partes podem procurar prever situações futuras e as suas dificuldades, estabelecendo soluções já no momento da elaboração do contrato, respostas estas como a escolha da lei

---

[18] Nos países de *common law*, exige-se ainda, para a formação do contrato, a *consideration*, que é a contraprestação, a barganha. É por isso que a doação não seria tecnicamente um contrato nestes países. Contudo, no âmbito do comércio internacional não há porque perder tempo com esta distinção pois, em regra, sempre haverá contraprestação a uma promessa.

aplicável no bojo do contrato e a determinação de *onde* e *como* o eventual litígio dali decorrente virá a ser julgado, podendo isto vir a ser feito através de cláusulas de eleição de foro e de lei aplicável, conforme se examinará a seguir.

Cláusulas típicas de contratos internacionais

A situação característica dos negócios internacionais leva a que, na condução de negociações deste tipo, se utilizem algumas cláusulas ou formas que visem dar maior estabilidade às relações (embora sempre se deva examinar o texto de um contrato internacional à luz da legislação interna dos países envolvidos). Algumas dessas cláusulas, por seu largo emprego, recebem o nome de "típicas" ou "correntes". A seguir, analisaremos as mais comuns na prática dos negócios internacionais.

Lei aplicável

Um dos grandes problemas dos contratos internacionais se dá, obviamente, quando há um litígio decorrente da execução ou da interpretação do contrato. Nesse sentido, existe a necessidade de se precaver contra tal possibilidade estabelecendo previamente as regras que irão reger o contrato internacional firmado. Como já se mencionou anteriormente, o contrato internacional é, por definição, um contrato com conexões com mais de um país e, consequentemente, com mais de um ordenamento jurídico, motivo pelo qual, em tese, mais de uma lei poderia ser aplicável a ele. Isso, obviamente, pode levar a um conflito no qual não se sabe qual deve ser esta lei, sendo que, dependendo da que vier a ser aplicada, o resultado do litígio poderá vir a ser diferente.

Tendo em vista essa dificuldade e esse possível problema, a cláusula de escolha da lei aplicável (*choice of law*) se tornou cada vez mais importante e, por consequência, é largamente aplicada nos dias atuais. Esta cláusula vem a estabelecer, pela vontade das partes, qual é o sistema legal substantivo ligado ao contrato, buscando dar estabilidade e segurança à relação.

A escolha desta lei deve ser negociada de boa-fé entre as partes, que poderão escolher como lei aplicável ao seu contrato, em princípio, a lei do local em que este se executará, a lei do local de sua celebração ou qualquer outra lei que julguem ser a ideal para regular a relação, inclusive leis de Estados neutros (ou seja, de nenhuma das partes envolvidas na negociação) ou, ainda, um direito verdadeiramente internacional (como a *lex mercatoria,* os princípios Unidroit etc.). A eleição do sistema legal é de suma importância, influenciando em muito o andamento de qualquer possível futura contenda; dessa forma, as partes devem tomar bastante cuidado ao decidir esta questão.

No entanto, alguns problemas podem ocorrer, dependendo do país do foro do litígio. Existem países que adotam a chamada "teoria da autonomia da vontade" em direito internacional privado, ou seja, reconhecem a capacidade das partes de escolher a lei aplicável e o foro em contratações internacionais, como é o caso da Europa e dos Estados Unidos. Porém, existem países que não adotam tal teoria e aplicam suas regras internas de competência e de lei aplicável, anulando qualquer escolha feita em contrário pelas partes.

Com relação ao Brasil, não há um entendimento uniforme que estabeleça total certeza com relação a qual lei vai ser a aplicável. Pode vir a ser dada preferência à lei fixada pelas partes, ou o juiz pode vir a, simplesmente, aplicar o art. 9º da Lei de Introdução ao Código Civil (lei que rege as relações privadas internacionais no Brasil), que determina que a lei aplicável ao contrato é aquela do local de sua celebração — que é, inclusive, a visão predominante, infelizmente.

Para escapar desse problema, as partes podem celebrar o negócio no estrangeiro, em país que reconheça a escolha de lei aplicável pelas partes, a fim de garantir a aplicação da lei escolhida, ou, ainda, escolher a via arbitral, como já explicado no capítulo 1.

Outro ponto a ser levantado é a chamada "ordem pública". Ela tem como característica ser relativa, instável e contemporânea, cabendo sempre ao juiz local determinar o que seja contrário ou não a esse conjunto de princípios. A ordem pública é um conjunto de princípios tidos como fundamentais, que limitam a vontade das partes no contrato. Ou seja, a lei eventualmente escolhida pelas partes em um contrato não será aplicável no que ferir estes princípios tidos como fundamentais (ordem pública) do país do foro. Por exemplo, não poderão as partes escolher a legislação trabalhista de outro país nem a justiça estrangeira quando a prestação de serviço ocorrer no Brasil.

Exemplos de cláusula de eleição de lei:

> Irão reger-se este contrato e a arbitragem:
> (a) em primeiro lugar, pelos princípios Unidroit 2004;
> (b) em segundo lugar, subsidiariamente, pelas leis da República Federativa do Brasil; e
> (c) em terceiro lugar, subsidiariamente, pelos usos e costumes do comércio internacional, aqui entendido pelas partes contratantes como aquele compilado em todas as publicações da Câmara Internacional do Comércio.
> Este contrato e suas garantias e anexos devem ser interpretados e regulados pelas leis do estado de Nova York dos Estados Unidos da América.[19]

---

[19] Os exemplos de cláusulas contratuais utilizados neste livro foram retirados de contratos internacionais padrão.

Eleição de foro

Além de escolher a lei aplicável, nos contratos internacionais é comum que se escolha o foro competente para julgar qualquer questão do contrato (*choice of forum* ou *venue*).[20] A escolha de foro é a escolha do local em que vai ocorrer um eventual processo judicial, criando uma maior segurança no contrato, estabelecendo previamente onde disputadas a ele relacionadas serão apreciadas. Essa cláusula, prevista pelo art. 111 do CPC, é bem comum também nos contratos internos. Nos contratos internacionais, no entanto, ganha relevância, haja vista que a escolha do local competente influencia na interpretação pelo Judiciário local e na própria lei aplicável ao contrato.

Muitos autores consideram esta cláusula como um ponto crucial que deve ser escolhido anteriormente à lei aplicável ao contrato. Isto porque, como dito anteriormente, não há uma verdadeira uniformidade na permissibilidade de que as partes possam escolher a lei aplicável e o foro, uma vez que não são todos os países que aceitam a teoria da autonomia da vontade em direito internacional privado. Por isso, para que tenha validade a escolha da lei aplicável e do foro, feita pelas partes, deve-se escolher foro em país que reconheça a autonomia da vontade para a escolha da lei e do foro em contratos internacionais (sempre atentando para a homologabilidade da decisão do foro eleito).

Quais os cuidados na redação de uma cláusula de eleição de foro para uma empresa brasileira?

a) O primeiro aspecto é cuidar da legislação brasileira. A cláusula de eleição de foro em contratos internacionais está sujeita aos mesmos controles daquela do direito nacional: deve ser *escrita*

---

[20] Aprovou-se em Haia, no ano de 1995, uma convenção sobre a cláusula de eleição de foro em contratos internacionais, a qual ainda não foi ratificada pelo Brasil.

e aludir explicitamente ao negócio jurídico por ela abrangido (CPC, art. 111 e Protocolo de Buenos Aires), devendo ser evitada em contratos por adesão não paritários (ou seja, em que há grande desnível de poder de barganha entre as partes) — note-se que os contratos de adesão existem não apenas nas relações de consumo (CDC, art. 51), mas ocorrem também no direito civil e empresarial (CC, arts. 423 e 424). É já bastante conhecida a jurisprudência do STJ no que diz respeito às cláusulas abusivas insertas em contrato de adesão, como aquelas cláusulas de eleição de foro que visam apenas dificultar o acesso da parte à Justiça.

Além disso, a eleição de foro não pode ferir a ordem pública, nem constituir fraude à lei, nem afastar foro inderrogável — competência exclusiva da justiça nacional (CPC, art. 89; CDC, art. 101; CLT, art. 651, por exemplo).

A par disso, a jurisprudência do STJ (STJ, REsp 251.438-RJ, Quarta Turma, relator Barros Monteiro) e de diversos tribunais estaduais, como o TJ/RJ (Ap. Civ. nº 3.058/2003, 11ª Câmara Cível), o TJ/SP (Câmara Especial, Ag. Inst. 3.124-0, 17-11-1983), o TJ/PR (Ag. Inst. 76753100, 10-8-1999), e também algumas câmaras do 1º TAC/SP (Ap. Civ. nº 835.916-8; Ag. Inst. nº 610.580-8) e do extinto TAC/RS (Ag. Inst. nº 196040638, Sexta Câmara Cível, em 23-5-1996) não admitem a exclusividade da cláusula de eleição de foro aposta ao contrato internacional, admitindo processar e julgar determinada matéria quando acionado o tribunal doméstico, ainda que a cláusula remeta a foro estrangeiro.

A argumentação que sustenta este posicionamento reside na doutrina processualista abalizada de José B. de Mesquita,[21] que defende que os particulares não podem criar ou estabelecer jurisdição ou competência, sendo esta uma atribuição da legislação diante

---

[21] De Mesquita, 1998.

do monopólio estatal da jurisdição e do aspecto de soberania daí derivado. Nessa linha de pensamento, entende-se que os arts. 88 e 89 do CPC são normas de ordem pública inderrogáveis. Dessa forma, as cortes nacionais sempre mantêm inafastável a sua competência concorrente, a despeito da eleição de foro estrangeiro.

Em contraposição, existem também julgados do TJ/RS (Ag. Inst. nº 70005228440, 19ª Câmara Cível, Tribunal de Justiça do RS, relator Luís Augusto Coelho Braga, julgado em 8-4-2003), 1º TAC/SP (Ap. Civ. n º 733.139-1) e (direta ou indiretamente) do TJ/RJ (Ap. Civ. nº 5.097/94 de 6-12-1994; Ag. Inst. nº 7195/2001) admitindo a exclusividade da eleição de foro, sendo este o posicionamento que parece mais adequado ao comércio internacional e à segurança por ele exigido. Se assim não fosse, qual seria o sentido de se redigir uma cláusula de eleição de foro? Todo o desgaste de discussão da cláusula (o que os economistas modernamente chamariam de "custos de transação") seria vão.

Portanto, aquele posicionamento que não reconhece a exclusividade do foro de eleição não está de acordo com a solução do direito processual internacional comparado (tanto dos EUA quanto da União Europeia, como se verá mais adiante) e se mostra equivocada, podendo vir a ser modificada com a entrada em vigor do Protocolo de Buenos Aires (pelo menos quando estiver envolvida uma parte que integre o bloco), já que esta normativa internacional pressupõe a exclusividade da jurisdição quando houver a cláusula de eleição de foro.

O posicionamento do STF a respeito não é expresso, mas apontaria uma preferência pelo respeito à cláusula de eleição de foro. Diz-se isso porque, segundo a jurisprudência do STF, caso a parte domiciliada em território nacional seja citada em foro estrangeiro eleito contratualmente, dele não poderá se furtar, sob pena de revelia (STF, SE 4.415). Entretanto, se não houver cláusula de eleição de foro, pode o domiciliado no Brasil rejeitar a sua sujeição à jurisdição estrangeira mediante arguição de exceção (o que pode ser feito quando for aqui citado por rogatória, não precisando constituir advogado estrangeiro para fazê-lo no exterior — STF, Carta Rogatória 4.983). Claro que poderá a justiça estrangeira não acolher este entendimento, mas a decisão daquele país não será reconhecida aqui. A par disso, a submissão voluntária não se confunde com a submissão necessária ou obrigatória que ocorre quando o nacional pratica um ato no exterior pelo qual está sendo processado (caso em que a competência é mesmo da jurisdição exterior).

b) Deve-se escolher um foro conveniente. Os tribunais domésticos não aplicam a teoria do *forum non conveniens* do sistema do *common law*, mas parte significativa da doutrina nacional defende que o tribunal eleito pelas partes deve ter algum contato com a relação jurídica entabulada pelo contrato, não sendo válida a remissão a um tribunal "neutro" sem qualquer contato razoável com o foro escolhido. Nesse sentido, a eleição de foro deve respeitar algum critério de conexão reconhecido pela legislação nacional (domicílio de uma das partes, local de execução do contrato etc.). Segundo esta linha de pensamento, não se deve admitir a eleição de foro pela *expertise* de um determinado tribunal estrangeiro no julgamento de uma matéria — como as cortes de Londres em matéria marítima, por exemplo —, se não guardar relação com o contrato firmado (como seria se uma empresa argentina firmasse um contrato com uma empresa brasileira, com foro de eleição para as cortes de Nova York, que não teriam nenhum contato com contrato firmado).

Por isso, essa doutrina defendida por De Mesquita (1998) entende que os tribunais nacionais não deveriam admitir jurisdição sobre caso com o qual não guardem relação nenhuma nos termos dos arts. 88 e 89 do CPC nem, tampouco, deveriam admitir julgar um processo cuja sentença seja de eficácia duvidosa em outro país, porque dificilmente seria homologável ou executável ("efetividade do processo").

Este posicionamento é reforçado pela letra do Protocolo de Buenos Aires, que estabelece que o foro eleito deve ser razoável, ou seja, guardar relação com os elementos de conexão do mesmo protocolo (art. 4º e art. 1º "b").

Curiosamente, esta mesma doutrina admite a eleição de um local de arbitragem neutro às partes, não havendo justificativa para dar tratamento diverso à cláusula de eleição de foro. Se as partes podem optar por um tribunal arbitral situado em local neutro ou com grande *expertise* em uma determinada matéria (como a Liverpool Cotton Association para questões ligadas ao comércio internacional de algodão, ou a Câmara Arbitral do Café e Pimenta do Havre), por que não poderiam fazê-lo para tribunais estatais estrangeiros?

Esse entendimento, que não admite a eleição de um tribunal neutro, se afigura equivocado e mesmo ultrapassado, sendo que até mesmo nos EUA se admite, como fórum conveniente, aquele eleito pelas partes, independentemente de ele manter ou não contato com a relação jurídica estabelecida entre elas. Existem mesmo autores latino-americanos que defendem que a vontade (salvo casos de evidente disparidade de poder de barganha contratual, como nas relações de consumo) é elemento de conexão suficiente para tornar o foro eleito razoável ou conveniente.[22] Aquele entendimento contra o foro neutro revela o desconhecimento da prática do comércio internacional, onde normalmente será melhor para as partes serem julgadas por um foro neutro, já que o fórum de uma das partes pode se afigurar suspeito para a parte domiciliada no outro país.

---

[22] Cf. Arroyo (2003).

c) Outro aspecto a ser analisado é se há contratos coligados que possam atrair um contrato com cláusula de eleição de foro para outras jurisdições, não sendo infrequente encontrarmos, na prática, contratos coligados à mesma finalidade com cláusulas de eleição de foro diversas e mesmo contraditórias (caso se trate de um contrato internacional acessório a um contrato principal doméstico, como no precedente citado do STJ, ele poderá ser atraído para a jurisdição do contrato principal).

d) Deve-se avaliar se existem filiais, sucursais, agências ou agentes da empresa estrangeira que celebrou um contrato internacional com foro de eleição para justiça estrangeira, pois a presença indireta no território nacional pode atrair a jurisdição das cortes nacionais pela "teoria da aparência" para contratos que tenham contato com o Brasil (por exemplo, contratos de exportação ou importação que foram intermediados por agentes brasileiros de uma companhia estrangeira).

e) Há que se cuidar, também, do direito estrangeiro. De nada adianta escolher um foro se o país do tribunal eleito não aceitar jurisdição sobre a matéria, ou se o ordenamento jurídico da empresa cocontratante não admitir a eleição de foro (por exemplo: o Uruguai é bem rígido nesse sentido e a Argentina o era, até pouco tempo atrás; mesmo os EUA já o foram, antes da década de 1970).

Nos EUA, atualmente se admite a eleição de foro — Brehmen *v.* Zapata Off-Shore Company (407 US 1) e Carnival Cruise Lines *v.* Shute (499 US 585). No *leading case* Brehmen *v.* Zapata, a Suprema Corte enfrentou um caso envolvendo uma empresa norte-americana sediada em Houston contra uma empresa alemã que fora por ela contratada para fazer um transporte internacional de uma mercadoria. As partes formalizaram contrato escrito no qual havia uma cláusula de eleição de foro para a London Court of Justice. Ignorando a referida cláusula, Zapata ingressou com uma ação nos EUA contra a empresa alemã transportadora. A Suprema

Corte extinguiu o feito e concluiu pela validade da cláusula de eleição de foro, nos seguintes termos:

> A expansão dos negócios americanos e de suas indústrias dificilmente será observada se, inobstante a celebração de contratos solenes, insistirmos na ideia retrógrada de que todas as disputas devem ser resolvidas pela nossa lei e perante nossas cortes. [...] Em uma era de expansão do mercado e do comércio, os aspectos absolutos provenientes da doutrina do caso Black Carbon têm pouco espaço e se constituem em um óbice para o desenvolvimento de acordos envolvendo o comércio internacional pelos americanos. Não podemos comercializar na esfera internacional com base unicamente em nossos termos, buscando a aplicação das nossas leis perante as nossas cortes apenas. [...] tais cláusulas, à primeira vista são válidas e podem ser observadas a menos que a parte contrária comprove que sua aplicação não se mostra razoável em função das circunstâncias atinentes ao caso. [...]. Este foi o enfoque adotado pelos países da *common law*, inclusive a Inglaterra. [...]. Está de acordo com as concepções clássicas de liberdade de contratar e se reflete na possibilidade de ampliação dos horizontes para os contratantes americanos que buscam realizar negócios em qualquer parte do mundo.
> Há fortes motivos para que se dê total eficácia aos termos fixados em uma negociação privada liberal internacional, isenta de fraude, alheia ao prevalecimento econômico de uma das partes sobre a outra, [...] não pode ser questionada, em momento algum, a possibilidade de que as partes estabeleçam um fórum neutro para a resolução de qualquer disputa originada no contrato [...]. A eliminação destas incertezas pela prévia concordância de um fórum aceito por ambas as partes é elemento indispensável para o comércio internacional.[23]

---

[23] Citação do voto vencedor reproduzido em Weintraub (1997:45-49).

Já no *leading case* Cruise Line, a Suprema Corte teve a oportunidade de se manifestar sobre a eleição de foro em contratos de consumo. Ela acabou por aceitar como válida a eleição de foro impressa em letra pequena (como as demais cláusulas) no verso do bilhete da passagem do cruzeiro marítimo. Tratava-se de uma ação indenizatória movida por uma consumidora que escorregara no *deck* do navio em um cruzeiro. Ela embarcara em Los Angeles e o acidente acontecera em águas mexicanas. O contrato elegia o foro da Flórida, sede da ré.

Na Europa também se admite eleição de foro pela Convenção de Bruxelas, art. 17:

> Se as partes, das quais pelo menos uma se encontre domiciliada no território de um Contratante, tiverem convencionado que um tribunal ou os tribunais de um Estado Contratante têm competência para decidir quaisquer litígios que tenham surgido ou que possam surgir de uma determinada relação jurídica, esse tribunal ou esses tribunais terão competência exclusiva.

No Mercosul também se admite a eleição de foro pelo Protocolo de Buenos Aires (embora com as restrições já comentadas sobre a razoabilidade ou conveniência do fórum escolhido).

f) Outro cuidado é: a decisão do tribunal eleito será homologável e/ou executável no país onde estão localizados os ativos? Via de regra, em matéria de reconhecimento de sentenças estrangeiras, a legislação no direito comparado costuma evitar que o tribunal doméstico avalie o mérito da decisão alienígena em processo de homologação, resguardando apenas a sua ordem pública. Sobre a homologação no Brasil, ver capítulo 2, item "Cooperação judiciária: execução de sentenças estrangeiras e cartas rogatórias".

g) Outro importante aspecto é atentar para a clareza na redação da cláusula. Ver sugestão de Weintraub (1997:52), grande professor de processo civil internacional da Universidade do Texas:

> Qualquer ação oriunda ou de qualquer forma relacionada a esta transação deve ser trazida unicamente perante as cortes do primeiro distrito judicial do estado de Nova York e ambas as partes concordam em não obstacularizá-la alegando o *forum non conveniens*, não devendo buscar que o caso seja removido para as cortes federais ou, se transferido para estas apesar do presente acordo, não requerer seu retorno para o fórum de Nova York de onde foi removido. Esta escolha de foro aplica-se para qualquer espécie de ação, independentemente do objeto, sujeito ou qualquer outra, seja ela baseada em um contrato ou qualquer outra fonte, seja ela uma lei, norma ou regulamento, agora existente ou posteriormente criada.

Outro exemplo de cláusula extraída da prática do comércio internacional:

> As partes submetem exclusivamente à jurisdição de qualquer corte do estado de Nova York ou de qualquer corte federal situada na cidade de Nova York sobre qualquer processo, ação ou procedimento surgido ou relacionado a este contrato ou qualquer de seus anexos ou garantias.

Cláusulas de exoneração ou de flexibilização de responsabilidade nos contratos internacionais

Força maior

É uma cláusula que objetiva exonerar a responsabilidade das partes nos casos de surgimento de situações não previstas ou impossíveis de ser evitadas que vão impossibilitar o cumprimento do contrato, exonerando, por isso, o inadimplente de responsabilidade civil. Não há uma denominação uniforme do que seja "força maior", e sua concepção pode variar muito de acordo com cada sistema jurídico, sendo estes que melhor estipulam o seu entendimento sobre o termo.

A ICC sugere a expressão *force majeure* em sua publicação número 420 e, mais recentemente, na publicação 650. No Brasil, ela vem regulada no art. 393 do Código Civil.

Tais eventos têm ordem variada, podendo ir, desde desequilíbrios naturais, como tempestades e enchentes, congelamento de estradas, epidemias — situações denominadas pelos ingleses de *"acts of God"* — até fatos provocados por ações humanas (normalmente coletivas), como atentados terroristas, guerras, motins, greves etc. Nesse sentido, estas situações verdadeiramente impossibilitam a atuação das empresas, não estando estas responsáveis pelos danos. É o caso, tipicamente, do *tsunami* que varreu parte do Sul da Índia. Naturalmente, as fábricas indianas que foram destruídas pelas ondas não puderam cumprir seus contratos. Contudo, a cláusula de força maior tenderia a exonerá-las de responder pelos prejuízos causados aos seus parceiros em virtude do involuntário não cumprimento.

A peculiaridade nos contratos internacionais se dá no sentido de que, dependendo da lei correspondente ao contrato, esta exoneração se estende ou diminui; sendo assim, voltamos a ressaltar a importância da devida escolha da lei aplicável.

Exemplo de cláusula de força maior:

> O presente contrato poderá ser extinto, independentemente de indenização, quando:
> [...] c) qualquer hipótese de força maior, na esteira da publicação nº 650 da ICC sobre o assunto e também do artigo 393 do Código Civil brasileiro.

Cláusula de *hardship*

É uma cláusula de salvaguarda, ou seja, uma cláusula que vem permitir a manutenção de um equilíbrio econômico-financeiro do contrato ao longo do tempo. Ela normalmente atribui também uma dinâmica de negociação e solução de controvérsia entre as partes, caso isso ocorra. Diferencia-se da força maior por não ser uma forma típica de exclusão de responsabilidade quanto ao contrato diante de uma impossibilidade de cumprimento, mas sim diante de uma mera dificuldade na sua execução. É o caso, por exemplo, de um ato de governo que venha estabelecer um critério mais rígido para concessão de uma determinada certificação sanitária. No direito brasileiro, essa situação vem prevista no art. 478 do Código Civil e na Lei de Concessões. Na *lex mercatoria*, ela aparece nas mesmas publicações 420 e 650 da ICC e nos princípios Unidroit.[24]

Assim, caso ocorra uma circunstância que altere fundamentalmente o equilíbrio do contrato, a cláusula de *hardship* exige a alteração do pactuado, a fim de que haja o reequilíbrio das obrigações existentes entre as partes.

Isto se dá através de renegociação do contrato, que somente ocorre se a alteração for verdadeiramente fundamental observando-se o caso concreto, ou seja, o contrato em si, bem como as circunstâncias que o rodeiam. Caso as partes não consigam estabelecer esta renegociação do contrato dentro de prazo razoável, podem recorrer aos tribunais (judiciais ou arbitrais) para acertar a situação.

A título de exemplo, pode-se dar a situação do Brasil no momento da desvalorização do real. Imagine-se um contrato que tenha sido fechado às vésperas da desvalorização: não havia

---

[24] Aqui ver Timm (2006).

como prever a mudança e isto gerou um custo muito maior para a empresa brasileira. Nesse sentido, não ocorreu força maior, pois o contrato poderia ainda vir a ser cumprido (ao contrário de um *tsunami* que destruísse completamente a planta industrial da exportadora). No entanto, o custo de produção com matéria-prima e mesmo a sua receita para enfrentar despesas ordinárias ficaram alterados pela excessiva variação do dólar, o que desequilibrou completamente a equação econômica do contrato.

Também se deve prestar atenção para que se incluam, no rol das partes que podem se utilizar desta cláusula, terceiros que tenham interesse no cumprimento do contrato, tais como pessoas garantidoras (fiadores e avalistas, por exemplo), sendo que o contrato pode se dar como resolvido, "desfeito", se a sua adaptação não for razoável.

Normalmente é uma cláusula escalonada, que prevê a hipótese de negociação entre as partes por um determinado prazo, em um determinado número de vezes. E na hipótese de ausência de acordo, as partes ou referem o caso para arbitragem ou permitem a extinção ou não do negócio.

Exemplos de cláusula de *hardship* extraídas dos princípios Unidroit, ICC e da prática do comércio internacional:

> Caso um evento posterior e imprevisto pelas partes venha a causar um desequilíbrio econômico-financeiro do contrato, nos termos do artigo 478 do Código Civil e da publicação nº 650 da ICC, deverão as partes reunir-se no Brasil pelo menos em três oportunidades para renegociar o contrato. Caso não cheguem a um acordo no prazo de 30 dias, o caso será remetido à arbitragem na forma da cláusula compromissória.
>
> (1) Uma parte em um contrato é obrigada a cumprir com suas obrigações.

(2) A despeito do item 1 desta cláusula, quando a parte do contrato prova:
[a] a execução contínua de suas obrigações contratuais se tornou ou pode se tornar excessivamente onerosa devido a evento além de seu razoável controle e que não poderia ser razoavelmente esperado quando da realização do contrato como alterações climáticas, alterações na política monetária ou fiscal; e que
[b] não poderia ser razoavelmente evitado ou superado o evento ou suas consequências, as partes são obrigadas a, dentro de 30 dias da invocação desta cláusula contratual, negociar alternativas que razoavelmente ensejem a superação das dificuldades; [...] caso as partes não cheguem a um acordo, a parte prejudicada poderá terminar o contrato.

Cláusula de confidencialidade

Os instrumentos de confidencialidade e/ou sigilo, nos dias de hoje, estão se tornando cada vez mais usuais e necessários, principalmente no âmbito corporativo. Sabe-se que uma informação ou uma tecnologia, hoje, pode ser mais valiosa que o próprio ativo imobilizado de uma empresa. Estes termos de confidencialidade podem ser inseridos no corpo de um contrato ou ser a ele preliminares (que é o mais usual na prática dos negócios).

Nesse sentido, praticamente toda intenção preliminar de negócio que envolva duas empresas vem acompanhada de uma manifestação formal de sigilo, marcadamente quando se trata de uma operação que envolva exclusividade, disputa concorrencial ou propriedade intelectual.

Desse modo, pela influência de instrumentos contratuais estrangeiros, principalmente os oriundos dos países anglo-saxões, os pactos para a formalização de negócios no Brasil introduziram a precaução jurídica refletida nos *non disclosure agreements* — ou acordos de não divulgação —, cujo objetivo principal seria o de evitar que as partes envolvidas em um negócio iminente, em andamento, ou até mesmo potencial, pudessem utilizar o conhecimento desta operação sigilosa para, de alguma forma, prejudicar a outra parte. Vale lembrar que esse poder de prejudicar o negócio decorre do mau uso, pela parte que recebeu as informações sigilosas, do conhecimento das condições e/ou da operação em si, concretizado pela divulgação a terceiros, intencional ou não, daquilo que lhe foi divulgado.

A questão mais polêmica relativa aos contratos de confidencialidade seria que as disposições indenizatórias — que dão força — existentes nos contratos de confidencialidade praticados no Brasil costumam imputar à parte infratora apenas a responsabilidade pelas perdas e danos referentes a seu ato ou omissão, possuindo baixa aplicabilidade prática dadas as dificuldades de se comprovar a real extensão do dano decorrente da quebra do sigilo e as de se conseguir barrar previamente o evento. Por isso, pela ótica do direito brasileiro, uma possível solução é imputar cláusulas penais de caráter pecuniário que venham criar dever de ressarcir, independentemente da comprovação de dano (mas essa solução pode sofrer algumas restrições no direito comparado, como o de Nova York, por exemplo, que tem dificuldade em admitir *penalty clauses*).

Exemplo de cláusula de sigilo:

> As PARTES obrigam-se, durante e mesmo após a extinção deste contrato, a não fazer uso e mesmo não divulgar ou tornar pública qualquer informação a que tenham tido acesso nas tratativas ou no cumprimento do presente contrato.

Cláusula arbitral ou compromissória

Em adição ao que foi exposto no capítulo 2, existem dois tipos de cláusulas arbitrais: (i) as que determinam todas as informações necessárias para a instauração de um tribunal arbitral, como a lei que regerá o contrato, o número de árbitros, o local e o idioma da arbitragem; e (ii) as que tão somente preveem a utilização da arbitragem, sem, contudo, especificar as determinações citadas. As primeiras, denominadas cláusulas cheias, são as mais recomendadas. Pode ser também determinado um órgão especializado em arbitragem para administrar o litígio (arbitragem institucional, como a da ICC). Essa especificação é importante por existirem certas formalidades a serem observadas para que a sentença arbitral tenha eficácia, sendo esses órgãos aparelhados para tal fim, tendo tabela de custas e de honorários de árbitros.

As cláusulas arbitrais cheias isentam as partes de firmar o compromisso arbitral, podendo a parte interessada seguir diretamente o procedimento da instituição eleita. Na cláusula vazia, a parte interessada na instauração terá que recorrer ao Judiciário para compelir a parte recalcitrante a seguir a via arbitral (art. 7º da Lei nº 9.307/96). O compromisso arbitral se diferencia da cláusula arbitral porque o primeiro é celebrado quando o litígio já está instaurado (seja judicialmente ou extrajudicialmente), e a segunda é negociada antes de eventual e hipotético litígio surgir.

Além disso, as instituições arbitrais devem ter regulamentos internos bem-elaborados, que servirão para regular o processo de maneira expedita e simplificada. Nesse diapasão, uma boa escolha é fundamental, já que o sucesso da arbitragem dependerá, diretamente, da indicação de uma entidade arbitral que: (a) reúna árbitros tecnicamente capazes de bem conhecer o litígio, de preferência especialistas na matéria em julgamento; (b) disponha de um regimento com regras aptas a imprimir a desejada celeridade e efetividade ao processo; e (c) conte com especialistas das técnicas jurídicas a fim de que sejam observados os requisitos legais que conferem eficácia à sentença arbitral.

A cláusula arbitral ou compromissória tem, basicamente, dois efeitos: um efeito negativo, de vedar absolutamente o conhecimento do litígio ao Poder Judiciário; outro, positivo, que é o de transmitir ao árbitro o julgamento de todas as questões atinentes ao litígio abrangido pelo contrato, inclusive a própria validade da cláusula compromissória, dado que esta é uma cláusula autônoma e independente do contrato, sobrevivendo mesmo em caso de nulidade deste. Excepcionalmente as partes necessitarão, mesmo em casos de cláusula arbitral, de cooperação do Poder Judiciário, como em casos de cautelares pré-arbitrais (cautelares preparatórias antes da instauração da arbitragem), mas estas são as exceções que confirmam a regra.

A cláusula compromissória tem a vantagem de, diante da dicção expressa do art. 2º da Lei nº 9.307/96 e da Convenção de Nova York de 1958 sobre arbitragem internacional (ratificada pelo Brasil), admitir a escolha de lei pelas partes, ao contrário da eleição do foro brasileiro, que fica sujeito, como dito, à discussão do caráter de ordem pública do art. 9º da Licc e da extensão da autonomia da vontade no Brasil.

Dados da American Arbitration Association (AAA), entidade criada há mais de 50 anos, indicam que, apenas em 2002, ela administrou mais de 200 mil casos em 41 países do mundo, sendo mais de 3 mil casos de natureza comercial com valores unitários superiores a US$ 250 mil.[25]

A seguir, um exemplo de cláusula-padrão recomendada pela Câmara de Comércio Internacional (CCI), conhecida, em inglês, pela sigla ICC:

> Todos os litígios emergentes do presente contrato ou com ele relacionados serão definitivamente resolvidos de acordo com o Regula-

---

[25] Veja estas informações no site: <www.adr.org/>.

mento de Arbitragem da Câmara de Comércio Internacional, por um ou mais árbitros nomeados nos termos desse Regulamento.[26]

Cláusula do preço e das garantias

O preço é outro elemento importante do contrato internacional porque, geralmente, haverá duas empresas de países distintos, cada qual com sua moeda de curso forçado em seu território.

A legislação brasileira exige que contratos sejam estipulados em moeda nacional, sob pena de nulidade da cláusula do preço. Contudo, a mesma lei (Decreto-Lei nº 857/69, já citado), permite que os contratos internacionais sejam pactuados em moeda estrangeira (normalmente moedas fortes, como o dólar norte-americano, o euro, o yen) ou mesmo uma cesta de moedas, como é comum em contratos com o Banco Interamericano de Desenvolvimento (BID), diluindo o risco cambial.

O pagamento do preço normalmente exige, em todos os países, um processo de liquidação do câmbio pelo qual a parte faz o pagamento em sua moeda local para um banco, e este faz a conversão e o pagamento à parte estrangeira na moeda pactuada no instrumento contratual. Nesse ponto, há um controle normativo dos bancos centrais (no Brasil, o Bacen) para evitar evasão de divisas, devendo as partes que fazem remessas normalmente comprovar documentalmente a origem do envio.

As garantias contratuais internacionais podem ser garantias bancárias autônomas negociadas com instituições (bancos e seguradoras) de padrão internacional, como é o caso dos *performances bonds*, que são uma garantia de adimplemento do contrato feita por uma instituição bancária ou securitária (para garantias contratuais, checar a publicação ICC nº 325, URC — Uniform Rules

---

[26] Para mais informações, veja: <www.iccwbo.org/>.

for Contract Guarantees). Ou poderão as partes convencionar o pagamento por meio de documentos (ICC, URC nº 322 — Uniform Rules for Collections) ou de carta de crédito (largamente regulada como *soft law* por publicações da ICC, como a UCP nº 500, 600 — Uniform Customs and Practices for Documentary Credits).

A carta de crédito é uma forma documentária de pagamento pela qual o exportador fará jus ao recebimento do preço tão logo comprove ao banco emissor da carta — por meio da documentação aduaneira — que embarcou a mercadoria. Estando a documentação estritamente de acordo, o banco emissor faz o pagamento ao exportador e depois se recobra junto a seu cliente importador.

Em item específico sobre o contrato de compra e venda (capítulo 4), serão comentados os Incoterms da ICC.

4 Contratos internacionais – parte especial

Processo formativo: memorando de entendimentos e carta de intenções

Na contratação internacional é comum encontrar formas e nomenclaturas diferentes para documentos que geram obrigações para as partes. Normalmente, durante a negociação de um contrato de grande vulto ou de grande importância, as partes negociam a conclusão do contrato definitivo pautadas pelos termos presentes em uma carta de intenções ou em um memorando de entendimentos (que pode ser firmado em conjunto com uma carta de confidencialidade ou termo de sigilo). A análise da doutrina permite afirmar que as cartas de intenções e memorandos de entendimentos são, em sua maioria, tratados como sinônimos.

Ambos são desenvolvidos durante processo de negociação de contrato. Assim, a diferenciação a ser feita sobre os efeitos jurídicos gerados é entre o os documentos produzidos durante a fase de negociações (no caso, a carta de intenções e o memorando), o contrato preliminar e o contrato definitivo. A questão está nos efeitos jurídicos obrigacionais decorrentes dos instrumentos desenvolvidos durante as negociações e que antecedem o contrato.

As cartas de intenções, memorandos, protocolos, minutas, enfim, os documentos que se produzem durante o procedimento negocial destinam-se, na maioria das vezes, a fixar alguns pontos sobre os quais já há concordância, permitindo progressivamente a resolução de todas as inúmeras questões que circunscrevem a celebração do negócio definitivo. Tais documentos, portanto, embora não previstos na legislação brasileira, são admitidos em vista do princípio da autonomia da vontade e da atipicidade (art. 425 do Código Civil). Contudo, são contratos que, se bem redigidos, não obrigam as partes a celebrar o contrato definitivo, estipulando apenas obrigações de negociação, sigilo e de responsabilidade civil.

A doutrina defende a possibilidade de diferenciação entre "pré-contratos" ou contratos preliminares e "acordos provisórios" (como os memorandos de entendimento). Os acordos provisórios possuiriam caráter eventual, criando um vínculo obrigacional eventual, só surgido, realmente, se for celebrado o contrato definitivo. O pré-contrato, ao contrário, criaria uma obrigação de fazer o contrato principal (ou definitivo) nos termos do art. 462 do Código Civil — ou seja, neste último caso, a parte poderia ser acionada para cumprir o contrato em sede de tutela específica, tal como disciplinado no art. 461 do Código de Processo Civil (CPC).

Em face desse entendimento e tendo em vista as considerações supra acerca da eficácia dos acordos provisórios ou preparatórios concertados no curso das negociações contratuais, cumpre deduzir que a responsabilidade pré-contratual, assim entendida como aquela que se coloca no momento do iter de formação do contrato, estaria limitada ao exame de culpa extracontratual, nos moldes da responsabilidade aquiliana, em vista de eventual falta de boa-fé e de lealdade da parte na forma de se conduzir ao longo das negociações (art. 422 do Código Civil).

Portanto, no direito comercial brasileiro, só se forma o vínculo contratual (preliminar ou definitivo), quando as partes chegam aos elementos essenciais do acordo e têm, entre si, a seriedade e o firme propósito de se obrigarem juridicamente.

Os acordos provisórios não deixam de ter relevância jurídica, porque deles se pode inferir a quebra injustificada, por uma das partes, da justa expectativa da outra de que fosse realizado o negócio. Com efeito, é possível que se depreenda dos documentos produzidos nas tratativas que uma das partes criou, na outra, expectativa de contratar, tendo, inclusive, compelido-a a realizar despesas para possibilitar a realização do contrato, e que, repentinamente, rompeu as negociações sem qualquer justificativa, causando danos, assim, a quem esperava assinar o contrato. Surgiria, nessa hipótese, para quem assim procedeu, uma responsabilidade pré-contratual, de sorte que estaria obrigada a indenizar a outra dos prejuízos causados. O dever de indenizar de quem rompeu injustificadamente as negociações decorreria do princípio geral de boa-fé que deve presidir todas as relações negociais (*na common law*, seria o instituto da *stoppel* o aplicável, mas com resultados mais ou menos semelhantes ao *civil law* quando uma parte confia na promessa de outra).

Portanto, se no curso das negociações concordam com relação a certos pontos e deixam em aberto outros, ainda que, em documento escrito, estabeleçam a irretratabilidade dos pontos já acertados e declarem que os demais serão objeto de acordo posterior, o contrato preliminar ou definitivo somente surgirá no momento em que houver a concordância sobre estes, completando-se, assim, o acordo sobre o conteúdo global do contrato (o que não exime a parte que causar dano injusto possa ser condenada a indenizar a parte prejudicada nos termos da doutrina da *culpa in contrahendo*).

Contratos em espécie

Passaremos a analisar, a seguir, alguns tipos principais de contratos que são usualmente utilizados como instrumentos do comércio internacional.

Compra e venda

O contrato de compra e venda é o instrumento jurídico mais comumente utilizado no âmbito do comércio internacional. Ademais, nele se verifica a utilização dos chamados "contratos-tipo" e das "cláusulas-padrão" como os Incoterms, estabelecidos pela Câmara de Comércio Internacional.

O contrato de compra e venda internacional pode ser regido pelo direito interno de determinado país ou por um tratado internacional que tenha sido ratificado e internalizado pelos países em que estão domiciliadas as partes que se envolvem na operação. O mais importante é a Convenção de Viena, de 1980.

O Brasil não ratificou a convenção, mas ela pode ser aplicada em território brasileiro em duas situações: a primeira seria o importador ou exportador brasileiro ter contrato com cláusula elegendo a Convenção de Viena de 1980 como lei aplicável (desde que não violada a Licc, como comentado); ou então quando a lei aplicável ao contrato, conforme as regras de conexão da Licc, for de um país que tenha internalizado a convenção. Como são vários os países que o fizeram (tais como os Estados Unidos, a China, diversos países europeus), torna-se importante uma referência a ela.

A Convenção das Nações Unidas sobre Contratos de Compra e Venda Internacional de Mercadorias (conhecida pela sigla em inglês Cisg), assinada em Viena, em 10 e 11 de abril de 1980, possui quatro seções.

A primeira seção trata do campo de aplicação do tratado. Assim, de acordo com o seu art. 1º, a convenção se aplica aos contratos em que as partes tenham seus estabelecimentos em países diferentes e: (a) ambos os Estados a tenham ratificado; (b) as regras de direito internacional privado levem à aplicação da lei de um Estado que a tenha ratificado. Por exemplo, se a Licc determinar a aplicação do direito argentino (porque o contrato internacional foi celebrado em Buenos Aires, e a Argentina ratificou a convenção), ela seria aplicável pelo juiz brasileiro. Vê-se, portanto, que a nacionalidade das partes não é relevante para definir se a convenção é ou não aplicável a determinado contrato de compra e venda internacional.

De acordo com o art. 2º, a convenção não é aplicável a vendas de mercadorias adquiridas para o uso pessoal, familiar ou doméstico; vendas em leilão; vendas realizadas em execução judicial; vendas de valores mobiliários, títulos de crédito e moeda; vendas de navios, embarcações e aeronaves; vendas de eletricidade.

No que diz respeito à formação do contrato de compra e venda internacional (segunda seção), o art. 23 da convenção estipula que esse se reputa celebrado quando a aceitação da oferta se torna eficaz. Ademais, para configurar-se como oferta, a proposta de contrato deve ser feita a pessoas determinadas e deve ser suficientemente precisa, ou seja, designar as mercadorias que são objeto de negociação e, expressa ou implicitamente, fixar a quantidade e o preço, ou prever modos para determiná-los.

Importante referir, ainda, que, conforme o §1º do art. 15 da Convenção de Viena, a oferta torna-se eficaz quando chega ao seu destinatário, o que implica dizer que ela pode ser retirada apenas se a retratação chegar ao destinatário antes ou simultaneamente à oferta.

A aceitação, por sua vez, é a declaração ou conduta do destinatário, conforme estipulado pelo art. 18. O silêncio, portanto, não constitui aceitação. Caso a resposta do aceitante contenha alterações à proposta, ela constituir-se-á em contraproposta.

Com relação à terceira seção, é importante ressaltar que a obrigação básica do vendedor é entregar as mercadorias e quaisquer documentos a elas relacionados, bem como transmitir a sua propriedade, conforme estipula o art. 30.

As principais obrigações do comprador, por sua vez, são pagar o preço das mercadorias e recebê-las nas condições estabelecidas no texto da convenção e também do próprio contrato.

A convenção ainda trata do tema da transferência de risco, ou seja, a determinação do exato momento em que o vendedor transfere os riscos do negócio ao comprador. A Convenção de Viena, em seus arts. 66 e seguintes, prevê situações de transferência de riscos das quais as partes podem se valer caso não tenham estipulado expressamente quando esse evento ocorre.

Caso queiram, contudo, as partes podem se utilizar dos Incoterms para definir o momento em que esse evento irá ocorrer.

Os International Commercial Terms (Incoterms)[27] foram criados pela Câmara de Comércio Internacional, em 1936. Sua função é padronizar os termos utilizados no comércio internacional, definindo, de forma clara, o momento em que as obrigações passam do exportador para o importador. A versão mais atual desta publicação é de 2000.

Os Incoterms são divididos em quatro grupos de termos (E, F, C e D), cada um com três letras:
- *grupo E* — Este grupo possui apenas a cláusula *ex works* (EXW). De acordo com tal cláusula, as principais obrigações correm por conta do importador das mercadorias, ficando ao exportador as obrigações de produzir e disponibilizar as mercadorias ao importador na porta da sua fábrica;

---

[27] Para mais informações, veja <www.iccwbo.org/>.

- *grupo F* — As cláusulas do grupo F, por sua vez, estipulam que o transporte principal é de responsabilidade do importador, ficando o exportador responsável até o momento da saída das mercadorias do seu país. Nesse grupo destacam-se as cláusulas FOB (*free on board*) e FCA (*free carrier*);

- *grupo C* — Pela utilização de tais cláusulas, o transporte principal passa a ser de responsabilidade do exportador, ficando o importador responsável por providenciar o desembaraço aduaneiro das mercadorias. Nesse grupo destacam-se as cláusulas CIF (*cost, insurance and freight*) e CIP (*carriage and insurance paid to*);

- *grupo D* — O grupo D, por fim, reúne as cláusulas que determinam a responsabilidade do exportador até a chegada das mercadorias ao país do importador. As cláusulas "D", portanto, são aquelas que dão maiores responsabilidades ao exportador. Nesse grupo, destacam-se as cláusulas DAF (*delivered at frontier*), DDU (*delivered duty unpaid*) e DDP (*delivered duty paid*).

Contrato de transferência de tecnologia

O aumento do número de transferências de novas tecnologias para o mercado é um dos grandes desafios que a sociedade enfrenta. Tecnologia é o fator cognitivo da produção da empresa que tenha aplicação e valor econômico; são os conhecimentos necessários ao funcionamento produtivo da firma. A tecnologia pode aparecer como parte de segredo comercial de uma empresa, pode ser "informação confidencial" ou ser livremente divulgada, mas com utilização restrita (se patenteada). Ela pode ser de natureza imaterial, como um software, ou pode se materializar, como um sistema de perfuração de gás natural.

A transferência de tecnologia ocorre quando aquele conhecimento específico produtivo é transmitido para outra empresa, que o aplicará na sua atividade. Esta transferência poderá assumir várias formas. O correto manejo da tecnologia, em especial sua transferência, necessita de regulamentação clara e precisa, de forma a evitar transtornos decorrentes da imprecisão inerente ao desenvolvimento de tal atividade no relacionamento das empresas no âmbito internacional. Diante da ausência de legislação específica a contento, tal clareza e precisão regulamentar são ofertadas pelos contratos de transferência de tecnologia. Ao lidar com a tecnologia de uma pessoa jurídica, o operador do direito trabalha com um conjunto de informações escassas, de caráter financeiro, econômico, comercial ou tecnológico, que permitem à empresa que as detém uma posição privilegiada. O correto tratamento dessas informações deve ser devidamente disciplinado pelo instrumento contratual.

A transferência de tecnologia pode ter como objeto direitos que sejam fruto de propriedade industrial da titular (ou seja, propriedade registrada no órgão patenteador competente) ou, então, pode ter como objeto direitos não registrados (como *know how*, prestação de serviços técnicos e científicos e *engineering*). Em contrapartida à transferência do conhecimento aplicável à atividade produtiva, o titular do direito costuma cobrar *royalties*, que, muitas vezes, são um percentual do lucro obtido com a atividade de exploração da tecnologia, ou um preço fixo mensal.

O contrato de transferência de tecnologia que envolve direito de propriedade industrial é formulado através de uma licença, exclusiva ou não (no Brasil disciplinado pela Lei de Propriedade Industrial, de 1996). Por se tratar de direitos exclusivos, as empresas que absorvem a tecnologia conseguem uma melhor posição de mercado, ganhando tempo e experiência para testar e comercializar os produtos.

Já o conhecimento técnico não registrado transmitido a outra empresa com restrição de divulgação é uma informação confidencial, e será *know how* desde que sua detenção represente uma vantagem comercial para o receptor.

A transferência de tecnologia é definida como mera permissão ou cessão de uso de direitos por um período de tempo, e não mudança de título de propriedade. Portanto, a celebração de um contrato de transferência de tecnologia não significa a transferência de propriedade da mesma. Contudo, a interpretação da transferência como transmissão de propriedade parece ser a predominante na prática do Instituto Nacional de Propriedade Intelectual (Inpi) —, que desde há muito, por meio de diversos atos normativos, regula e supervisiona o contrato de transferência de tecnologia.

No âmbito do Inpi, antigamente (Ato Normativo nº 15/1975) exigia-se que, para a configuração de transferência, coexistissem alguns requisitos: não haver tecnologia disponível semelhante no país; importar em aumento da capacidade de produção da receptora; haver responsabilidade da supridora pela tecnologia; ocorrer absorção ou autonomia; o bem transmitido ser de natureza imaterial; a transferência de tecnologia ser para fora do mesmo grupo econômico. Esses requisitos foram abolidos pelas últimas normativas do Inpi (Resolução nº 22/1991 e atos normativos nºs 120/1993 e 135/1997), mas alguns servidores daquele instituto parecem ainda viver sob a égide da legislação antiga ao registrarem contratos de transferência de tecnologia, pois não admitem contratos por prazo superior a cinco anos (renováveis apenas uma vez, caso a tecnologia não tenha sido absorvida, bem como não admitem a cláusula de "devolução" da tecnologia ou de abstenção de uso).

Permanece, ainda, a obrigatoriedade de registro da operação no Inpi[28] para a lista de contratos registráveis e não registráveis, como acordos de cooperação técnica entre universidades, por exemplo. Inclusive, este registro se afigura fundamental para a remessa de

---

[28] Ver <www.inpi.gov.br>.

royalties para o exterior, e a tendência do Banco Central ainda é de não aceitar a remessa de *royalties* retroativos ao efetivo registro no Inpi (devendo as partes contratantes terem em mente que isso não acontece imediatamente, podendo durar alguns meses).

Parte considerável da doutrina concebe o contrato como empreitada mista, análogo ao contrato de ensino. Outra parte da doutrina não identifica o contrato de *know how* com qualquer contrato típico. No contrato, há obrigações de dar e obrigações de fazer (natureza complexa do contrato).

Considerando que o contrato de *know how* enseja, não raro, uma atividade típica ligada ao comércio internacional, a Organização Mundial do Comércio (OMC), através do Acordo Trips (Trade Related Aspects of Intellectual Property), traz regras quanto aos contratos em questão. Atente-se, ainda, ao fato de a transferência de tecnologia estar intrinsecamente ligada ao poder econômico e ao domínio de mercado, o que também se encontra tutelado pela legislação concorrencial (no Brasil, art. 54 da Lei nº 8.884/94). De modo que, se estiverem presentes os requisitos da legislação antitruste (faturamento de uma das empresas superior a R$ 400 milhões ao ano ou 20% do mercado relevante), a operação deve ser submetida ao Cade.

Portanto, ao se formular um contrato de transferência de tecnologia, deve-se atentar para a legislação tributária, cambial e para as normas e práticas dos órgãos governamentais de controle e intervenção no domínio econômico.

De forma mais pormenorizada, a elaboração de um contrato de transferência de tecnologia que envolva pelo menos uma parte brasileira deve observar:
- a legislação de propriedade intelectual relevante e as normas de direito comum, especialmente o Código Civil, que a complementa;

- o corpo da legislação tributária, especialmente a do imposto sobre a renda; a legislação relativa ao direito da concorrência (art. 54 da Lei nº 8.884/94);

- a Lei nº 4.131/62, no que regula aspectos da remissibilidade das importâncias relativas aos contratos de tecnologia;

- os arts. 62, 140 e 211 do Código da Propriedade Industrial, Lei nº 9.279/96, que submetem à averbação ou registro no Inpi tais contratos, assim como o Ato Normativo nº 135 de 1997;

- o Tratado OMC/Trips;

- outros dispositivos relevantes de legislação esparsa como, por exemplo, o Código de Defesa do Consumidor.

Na formalização do contrato devem estar definidas todas as cláusulas a respeito da titularidade, cotitularidade, prazo de vigência, exclusividade, percentagem de *royalties* e repartição de benefícios pecuniários. O contrato de transferência de tecnologia possui, como pontos centrais, o objeto, a definição da tecnologia, os melhoramentos tecnológicos e as garantias de resultado.

Cláusulas como o termo inicial, a extinção do contrato e a lei aplicável são comumente encontradas na maioria, senão em todos os contratos sobre o tema. Existem ainda algumas cláusulas complementares que valem ser destacadas: exclusividade, remuneração e confidencialidade.

Contrato de agência

O contrato de agência não possui previsão legal em todas as jurisdições, mas atualmente é um contrato presente em praticamente todos os países. O Unidroit formulou o seguinte conceito de contrato de agência:

> É um contrato pelo qual uma parte, agente comercial, se obriga de uma maneira permanente a negociar a compra e venda de bens por conta

de outra pessoa, denominado principal, ou a negociar e concluir tais transações por conta e em nome do principal; e o principal se obriga a remunerar os serviços do agente comercial mediante o pagamento de uma comissão ou de outra maneira.

Nota-se que, na legislação europeia, a *agência* ou *representação comercial* (nomenclatura preferida pela lei alemã) tem por finalidade a intermediação de negócios, contudo, sempre aliada à possibilidade de poder o "agente" concluir o negócio.

No Brasil, a majoritária doutrina vem trabalhando com a hipótese de ser o contrato de agência uma nova intitulação para o contrato de representação comercial, pela natureza que lhe confere o art. 710 e pela menção à legislação especial de que trata o art. 721 consoante o art. 710 do Código Civil brasileiro:

> Pelo contrato de agência, uma pessoa assume, em caráter não eventual e sem vínculos de dependência, a obrigação de promover, à conta de outra, mediante retribuição, a realização de certos negócios, em zona determinada, caracterizando-se a distribuição quando o agente tiver à sua disposição a coisa a ser negociada.

A finalidade do contrato em questão é a de promover, legalmente, um meio através do qual o fabricante comercialize sua produção, através de uma organização comercial independente de um terceiro que não somente promova a venda de bens, mas também a de serviços.

No contrato de agência podem-se distinguir dois tipos de elementos: os essenciais e os ocasionais. Os elementos essenciais do contrato de agência são: promoção de negócios (em que o agente promove a concreção de negócios em território determinado, por conta e ordem do principal); independência (em que o agente deve suportar o risco de seu negócio, mantendo os custos e organizando-se com o ingresso das comissões); unilateralidade (a promoção se realiza em favor de uma das partes que intervém na operação); estabilidade (em que o vínculo entre o agente e o principal não é esporádico, sendo de duração prolongada); alocação geográfica (território determinado para a promoção das atividades de agência); indenização (prevendo caso de ocorrência de indenização ou refutando-a expressamente).

Já os elementos ocasionais do contrato de agência são: exclusividade (refere-se ao território e pode ser em benefício do agente ou do principal); poderes de representação (em que o agente está investido da faculdade de representar o principal, concluindo as operações que promove).

Ao abordar a natureza jurídica do contrato de agência, entende-se que é um contrato mercantil sinalagmático, oneroso, formal ou não (depende da jurisdição analisada e da previsibilidade legal do contrato em questão), comutativo, *intuitu personae* e de execução continuada. Tem por objeto uma obrigação de fazer: a promoção de negócios em uma zona determinada.

Entre os direitos do agente pode-se destacar a remuneração e a exclusividade (e no direito brasileiro ele fará jus a uma indenização quando a ruptura do contrato for imotivada). Já entre os deveres do agente destaca-se a cooperação (obrigação de dar ênfase aos interesses do proponente sobre os seus), a lealdade, a boa-fé, o acatamento de instruções, a prestação de contas e a não incidência em concorrência desleal. De forma ampla, pode-se afirmar, quanto ao principal, que seus direitos e deveres são correlatos aos do agente.

Quanto ao tempo de vigência do contrato de agência, suas cláusulas de extinção são gerais e comuns a todos os contratos (valendo a diferenciação de contrato por tempo determinado ou indeterminado).

É um contrato que, em alguns países — como Brasil e outros países latino-americanos e alguns europeus, como a Bélgica —, estipula uma indenização ao agente (representante comercial) quando do término do contrato por vontade do principal.

Nos países de *common law* não há esta proteção ao agente, que fica restrito às obrigações fiduciárias típicas do direito de agenciamento dos interesses de terceiros (*agency*), não havendo tão nitidamente esta tipicidade contratual que distingue distribuição, representação comercial, mandato etc.

No plano da *lex mercatoria*, existe a publicação ICC nº 496 — "ICC Model Commercial Agency Contract".

Contrato de distribuição

O primeiro ponto a ser abordado no contrato de distribuição é quanto ao mesmo ser um contrato autônomo do contrato de agência.

No direito brasileiro, a agência transforma-se em distribuição quando o agente tem à sua disposição a coisa a ser negociada (porque a adquiriu via contrato de compra e venda). Assim, o contrato pelo qual uma das partes (denominada distribuidor) se obriga a adquirir da outra parte (denominada distribuído) mercadorias (geralmente de consumo) para sua posterior colocação no mercado por conta e risco próprios é denominado "contrato de distribuição". Outras diferenciações a destacar são que, diferentemente do que ocorre no contrato de agência, no contrato de distribuição o distribuidor não tem de prestar contas ao distribuído nem tem de acatar instruções do mesmo, pois a mercadoria é de sua propriedade.

O contrato de distribuição desenvolve-se nos planos nacional e internacional. Trata-se de um contrato com ampla repercussão comercial, já que concentra em si todas as funções necessárias para que uma empresa comercialize seus produtos.

O contrato de distribuição, dependendo da jurisdição em análise e da consequente previsão legal ou não, será um contrato formal ou informal. No Brasil, o contrato de distribuição está previsto no art. 710 do Código Civil, já transcrito. Na *common law*, ele também é chamado de *agency* e o distribuidor tem os deveres fiduciários de bem administrar os interesses de terceiros.

O contrato de distribuição pode assumir diferentes modalidades, tamanha a amplitude que o conceito "distribuição" possui. Por exemplo, pode referir-se aos bens que são adquiridos para revenda assim como à distribuição de uso. Apesar da amplitude terminológica da palavra distribuição, assim como dos diferentes objetos sobre os quais o contrato pode versar, é ponto comum nos contratos de distribuição a possibilidade de planejamento comercial, pois normalmente existe uma cláusula de performance pela qual o distribuidor fica vinculado ao fabricante.

Quanto à natureza jurídica do contrato de distribuição, trata-se de um contrato consensual, bilateral, oneroso, comutativo, formal ou não (dependendo da jurisdição em análise), *intuitu personae* e de cooperação.

Entre os elementos que compõem o contrato de distribuição pode-se destacar: território (em que se atribui ao distribuidor uma zona territorial determinada de atuação); exclusividade (que pode ocorrer ou não, dependendo do interesse das partes); duração (em que o contrato pode ser definido por tempo determinado ou ser por tempo indeterminado); controle (em que o distribuidor atua por conta e em nome próprio, não estando em representação do distribuído).

Outras cláusulas que podem aparecer ou não no contrato de distribuição são: obrigação de o distribuidor vender quantidade mínima do produto; entrega da mercadoria com desconto; lugar e forma de entrega das mercadorias; preço de venda das mercadorias aos clientes; estipulações sobre a publicidade do produto; compromisso do distribuidor de não fabricar, vender ou distribuir bens que concorram com aqueles bens que se comprometeu a distribuir com exclusividade.

Ao abordar os direitos e deveres das partes no contrato de distribuição, o primeiro ponto a ser abordado deve ser a obrigação recíproca que as partes possuem de colaborar e cumprir com o pactuado. As obrigações do distribuidor variam de acordo com o conteúdo do contrato de distribuição em análise (as obrigações do distribuído também sofrem alterações). Podem-se destacar como obrigações do distribuidor: vender os bens ao menos na quantidade mínima pactuada; promover a venda dos bens e obter melhor colocação deles no mercado; contribuir para a publicidade da marca.

No plano da *lex mercatoria*, existe a publicação ICC nº 441, inclusive com um modelo a ser utilizado pelas partes.

Contrato de joint venture

O termo *joint venture* provém de *joint adventure,* e sua origem remonta às relações jurídicas decorrentes da lei de *partnerships* do final do século XIX. *A joint venture* é uma figura jurídica que pode ser entendida como contrato de colaboração empresarial. Sua característica principal é a realização de um projeto comum, por prazo definido. O contrato é celebrado entre duas ou mais pessoas jurídicas que se associam, criando ou não uma nova empresa, para realizar uma atividade econômica produtiva ou de serviços, com fins lucrativos. O conjunto de sujeitos de direito, nacionais ou internacionais, realiza aportes das mais variadas espécies, que não implicam a perda da identidade e individualidade como pessoa jurídica ao realizarem o negócio em comum.

Uma *joint venture* pode ser criada para desenvolver uma série de atividades, tais como projetos industriais, execução de obras, pesquisas e desenvolvimentos, atividades financeiras e prestação de serviços. Sua característica essencial é a realização de um projeto comum, empreendimento cuja duração pode ser curta ou longa, porém sempre com prazo determinado. Ela ainda pode ser contratual (quando as empresas que se associam não criam uma nova empresa) ou societária (quando as empresas associadas criam uma terceira empresa — independente das empresas criadoras).

Constituem elementos essenciais de uma *joint venture*: negócio determinado; direito de controle mútuo ou de opinar na administração; aporte conjunto e interesses comuns em torno dos bens em análise; expectativa de lucro (assim, empreendimento comum para uso pessoal não constitui *joint venture*, já que lhe falta o lucro comum); direito conjunto de participar das utilidades.

Um acordo internacional de *joint venture* requer atenção a pontos, tais como: antecedentes (acordos prévios, compromissos de confidencialidade, cartas de intenções); propósito geral da *joint venture*; identificação das partes; organização (forma, domicílio, residência fiscal e nome legal); identificação de estatutos, funcionários, gerência, subscrição do capital, emissão de ações, aprovação governamental e designação de comitês); diretores, designação, remoção, quórum, votação, maiorias, responsabilidades, reuniões, convocações, agendas e decisões sem reuniões formais; desenvolvimento dos negócios (acesso a livros, princípios contábeis utilizáveis, política de dividendos e regime de modificação do pacto de *joint venture*); temas que requerem aprovação especial (gravames sobre os bens da *joint venture*, política de endividamento, empréstimos e suas renovações, garantias, venda de ativos, investimentos de capital, dissolução e liquidação da *joint venture*, compras de ações de terceiras sociedades); financiamento; venda de participações; exercício do direito de voto nas assembleias; declarações e garantias dos partícipes; procedimentos em caso de impossibilidade de participações; prazo da *joint venture*; renúncias e obrigações; disposições sobre a tecnologia desenvolvida pela *joint venture*; disposições sobre distribuição dos custos, impostos e gastos.

O contrato de *joint venture* é distinto do estatuto de uma sociedade, até por possuir disposições que não se encontram em estatutos: definição dos meios para realizar os objetivos do contrato; regras de representação; definição do veículo para concretizar o projeto e identificar os passos para a sua concretização; regras sobre a diluição da participação; regras atinentes ao retiro voluntário ou venda da participação de um partícipe; meios alternativos de resolução de conflitos.

Contrato de franquia

De forma genérica, e buscando superar as diferenças conceituais existentes no estudo de diferentes jurisdições, pode-se afirmar que a franquia é um sistema vinculado à comercialização de produtos ou serviços, relativos a um conhecimento ou de uma marca, que será transmitido pelo franqueador. Outro ponto a ser destacado é que a maioria das jurisdições regula a matéria visando proteger o franqueado, por ser ele a parte mais fraca na relação.

Quanto à natureza contratual, pode-se afirmar que o contrato de franquia é comutativo, bilateral, atípico, oneroso e de execução continuada.

O franqueador, quando estiver interessado em implantar um sistema de franquia empresarial no Brasil, deverá apresentar a Circular de Oferta de Franquia (COF) ao interessado a se tornar franqueado. A Circular de Oferta de Franquia, por meio dos requisitos supramencionados, vai estabelecer os direitos e deveres do franqueador e do franqueado.

O contrato pode estabelecer, entre outros pontos, que o franqueado tenha direito à exclusividade ou à preferência de atuação em determinado território. Também pode ser previsto no contrato que o franqueado tenha direito a realizar vendas ou prestar serviços fora de seu território ou, ainda, a realizar exportações.

São tipos de contratos de franquia:

- *franchising* de serviços — em que o franqueador oferece uma forma original e diferente de prestação de serviços;
- *franchising* de produção — em que o franqueador produz tudo o que será comercializado pelos franqueados, utilizando-se de outras marcas de reconhecido sucesso no cenário comercial;
- *franchising* de distribuição — em que o franqueador seleciona empresas diversas para execução e fabricação dos produtos sob suas marcas;
- *franchising* de indústria — em que o franqueador oferece ao franqueado todos os meios necessários para que este industrialize o produto.

No contrato de franquia, o franqueador será o detentor da marca, do produto de comércio e de um conhecimento *(know how)* de administração do negócio, de produção. Por meio do contrato de *franchising*, o franqueador pode ingressar em mercados nos quais dificilmente entraria se dependesse de seus recursos próprios, sejam financeiros ou humanos. Para isso, conta com a presença física do franqueado, e com o conhecimento que cada um tem dos hábitos e da cultura da região onde vive e trabalha.

O franqueado é aquele que adquire a franquia e passa a desenvolver o negócio em uma certa região. Ele tem autonomia econômica e jurídica, tendo a distribuição dos produtos, concedida pelo franqueador, mas aquele não participa da empresa distribuidora, não sendo, portanto, uma filial deste.

Destacam-se as seguintes características do contrato de franquia: independência das partes; cooperação (um dos elementos que a diferenciam da distribuição); relação permanente (relação contínua); formato uniforme (em que a maioria dos contratos são desenvolvidos com disposições preestabelecidas pelo franqueador); obrigações do franqueador; obrigações do franqueado.

Entre os elementos típicos que o contrato de franquia possui podem-se citar: licença de marca (para que haja o contrato de franquia é necessário que alguém seja titular de uma marca de produto ou serviço); transferência de *know how*; privilégios (forma de retribuir ao franqueador os serviços e a assistência que este dispõe ao franqueado); operação da franquia (a figura de um operador da franquia é indispensável, já que este tipo contratual é um convênio de tipo pessoal); território (zona de atuação); manual operativo. Já entre os elementos alternativos, destacam-se: compromisso de assistência financeira; publicidade; não concorrência; compra de bens ou serviços; confidencialidade.

No plano da *lex mercatoria*, existe a publicação ICC nº 557 — "ICC Model International Franchising Contract".

Os contratos de franquia, em geral, possuem um prazo determinado, razão pela qual contêm uma cláusula prevendo sua prorrogação ou revogação.

Contrato de transporte internacional

Classificam-se os transportes em relação às seguintes modalidades ou modos de sua prestação: (1) transporte terrestre (rodoviário e ferroviário); (2) transporte aquaviário (marítimo, lacustre e fluvial) e (3) transporte aéreo.

Transporte terrestre

O contrato de transporte terrestre divide-se nas modalidades de transporte rodoviário e ferroviário.

Transporte rodoviário

O transporte rodoviário compreende o realizado por veículos automotores em estradas de rodagem. No Brasil, esta modalidade foi mais incentivada que as demais, sendo a maior responsável pelo transporte interno brasileiro, bem como o principal meio de transporte para escoamento da produção brasileira até os portos. Não obstante sua larga utilização, ela apresenta certos inconvenientes: a pequena capacidade de carga, se comparada aos transportes aquaviário e aéreo; o alto custo de manutenção das rodovias; a falta de segurança; os elevados gastos com combustível, além de ser um modo de transporte extremamente poluidor. Como vantagens, podemos citar que é considerado o principal elo entre os diversos modos de transporte, em razão de sua grande mobilidade, além de alcançar localidades de acesso mais dificultoso.

Os veículos mais utilizados para o transporte rodoviário de carga são os caminhões e as carretas. Vale lembrar que as cargas transportadas por esse modo podem importar variação: de granéis, líquidos ou sólidos, a automóveis, razão pela qual é necessário utilizar-se a embalagem apropriada para cada tipo de carga.

O transporte rodoviário internacional é regulamentado, no Brasil, pelos seguintes instrumentos:

- Acordo sobre Transporte Internacional Terrestre (Atit), de 1º de janeiro de 1990, tendo como signatários Brasil, Argentina, Bolívia, Chile, Paraguai, Peru e Uruguai;

- Acordo sobre o Contrato de Transporte e a Responsabilidade Civil do Transportador no Transporte Rodoviário Internacional de Mercadorias, celebrado em 16 de agosto de 1995, tendo como signatários Brasil, Bolívia, Chile, Paraguai, Peru e Uruguai (aplicação por analogia do Decreto nº 2.681, de 1912 — revogado parcialmente pelo Código Civil);

- Código Civil.

O contrato de transporte rodoviário internacional de carga é representado pelo conhecimento internacional de transporte rodoviário (CRT), servindo este como recibo de entrega da carga ao transportador e como título de crédito. O transporte rodoviário internacional é, ainda, regido pelo manifesto internacional de carga rodoviária/declaração de trânsito aduaneiro (MIC/DTA), que une, em um mesmo documento, informações do manifesto de carga rodoviária e da declaração de trânsito aduaneiro.

O órgão responsável pela concessão de autorização para o transportador rodoviário e ferroviário atuar no âmbito internacional é a Agência Nacional de Transportes Terrestres (Antt), responsável pela regulação da atividade de exploração da infra-estrutura ferroviária e rodoviária federal, bem como pela atividade de prestação de serviços de transporte terrestre. Esta agência reguladora foi criada pela Lei nº 10.233, de 2001, e regulamentada pelo Decreto nº 4.130, de 2002.

Transporte ferroviário

É a modalidade de transporte que implica a circulação da carga por meio de vias férreas. Os veículos ferroviários constituem-se de locomotivas e vagões de carga. Vantagens: adaptado a cargas de valor baixo e para longas distâncias; frete mais barato que o rodoviário; transporte mais seguro e menos poluidor. Desvantagens: não é um modal flexível, atendo-se a trechos prefixados; comporta velocidade muito baixa.

O contrato de transporte ferroviário internacional rege-se, no Brasil, da mesma forma que o transporte rodoviário internacional, pelo Atit e pelo Código Civil, bem como pelo Decreto nº 1.832, de 1996. A regulamentação também é atribuída à Antt, responsável pela concessão de autorização para o transportador ferroviário atuar em âmbito internacional.

Esse contrato é representado pelo conhecimento — carta de porte internacional (TIF), que serve também como recibo de entrega da carga ao transportador ferroviário e como título de crédito. Comporta a emissão do TIF e a declaração de trânsito aduaneiro em um único documento, denominado este de carta de porte internacional/declaração de trânsito aduaneiro (TIF/DTA).

Transporte aquaviário

O transporte aquaviário internacional compreende o marítimo, o fluvial e o lacustre.

O transporte lacustre não possui qualquer relevância para o Brasil. Assim, analisa-se tão somente os transportes marítimo e fluvial.

Transporte marítimo

Trata da navegação marítima de longo curso, realizada entre portos nacionais e estrangeiros, possuindo grande importância ao comércio internacional.

O transporte marítimo internacional no Brasil é regulamentado pelos seguintes instrumentos:
- Convenção de Direito Internacional Privado (Código de Bustamante), de 1928, que inclui disposições sobre contrato de transporte marítimo;
- Convenção Internacional para a Unificação de Certas Regras de Direito Concernentes aos Conhecimentos Marítimos, de 1924, compreendendo regras adotadas na prática pelo Brasil, apesar de não ser este signatário da convenção;
- Código Comercial, na parte referente ao comércio marítimo;
- Código Civil;
- Decreto-Lei nº 666, de 1969, entre outros.

O Brasil ratificou outras convenções internacionais relativas ao tema, sem tratar, em nenhuma delas, de forma específica, do transporte marítimo.

Para exportar a carga por meio de transporte marítimo, deve-se determinar o tipo de embarcação adequado para fazê-lo. Por exemplo, produtos manufaturados ou semiprocessados, sempre embalados, devem ser transportados por navios de carga geral.

Definida a embarcação adequada, deve-se decidir entre:
- fretar um navio para realizar o transporte da carga — hipótese em que as partes celebram um *contrato de afretamento*, em que o fretador (proprietário ou armador) coloca à disposição do afretador[29] (cliente) os serviços do navio e o espaço naval, em bom estado de navegabilidade e mediante o pagamento do frete;

- contratar o transporte da carga — hipótese em que é celebrado um *contrato de transporte marítimo*, pelo qual o transportador (proprietário, armador, fretador) obriga-se a transportar de um lugar de origem a um ponto final de destino determinada carga, mediante o pagamento do frete. A finalidade é não apenas a cessão de espaço no navio, mas também o efetivo transporte da carga do ponto de origem ao destino final.

O instrumento jurídico que representa esse contrato de transporte é o *bill of landing* (BL) ou conhecimento marítimo, cujos requisitos regem-se, para fins de transporte internacional, consoante a Convenção Internacional para a Unificação de Certas Regras de Direito Concernentes aos Conhecimentos Marítimos, de 1924, também conhecida como Regras de Haia.

---

[29] *Afretador:* dono da carga que toma navio mercante ou qualquer outro veículo de aluguel para transportá-la, mediante pagamento ajustado (frete), por oposição a *fretador*, dono do transporte que concede ao afretador o uso total ou parcial do navio (ou outro tipo de transporte).

A regulamentação, no Brasil, é realizada pela Antaq, agência reguladora instituída pela Lei nº 10.233, de 2001.

Transporte fluvial

Algumas vias fluviais brasileiras possuem relevância para o comércio internacional. São elas:
- hidrovias da Bacia Amazônica;
- sistema hidrográfico Tietê-Paraná;
- sistema Paraná-Paraguai.

Nesse campo, foram celebrados diversos acordos bilaterais pelo Brasil com Alemanha, Argentina, Comunidade Econômica Europeia, Estados Unidos, entre outros.

Transporte aéreo

Essa modalidade de transporte não é utilizada no comércio internacional tanto diante de sua inadequação para transportar certas cargas, quanto em razão do valor do frete. Contudo, pode ser vantajosa em casos em que se busca rapidez e segurança na entrega.

Pelo contrato de transporte aéreo, o transportador se obriga a transportar a carga, encomenda ou mala postal, recebendo, em contrapartida, o pagamento do frete.

Aplicam-se ao transporte aéreo internacional de carga os seguintes instrumentos:

- Convenção de Varsóvia, de 1929, e seu Protocolo de Haia, protocolos adicionais de Montreal, números 1, 2, 3 e 4;

- Convenção de Aviação Civil Internacional (Convenção de Chicago), de 1944, e seus protocolos adicionais;

- Convenção Adicional de Guadalajara (Decreto nº 60.967, de 1967);

- Código Brasileiro de Aeronáutica (CBA);

- Código de Defesa do Consumidor;
- Código Civil.

O documento que representa o contrato de transporte, servindo também como recibo de entrega da carga ao transportador, é o *airway bill* (AWB), o qual deve conter informações específicas quanto à carga. Importante salientar que a responsabilidade pelo atendimento às leis e regulamentos governamentais dos países de origem, destino, escala ou por onde será a carga transportada é do expedidor do referido documento.

Com a consolidação da carga, é emitido o conhecimento de transporte individual (*house airway bill* — HAWB) a cada expedidor, e um único conhecimento aéreo (*master airway bill* — MAWB) à transportadora, representando o último toda a carga consolidada.

Contrato de factoring

O contrato de *factoring* é uma figura atípica, pois não está previsto entre os contratos nominados pelo Código Civil. É um contrato pelo qual uma das partes (cedente) cede créditos, decorrentes de vendas mercantis ou da prestação de serviços, a um terceiro (cessionário), que lhe antecipa os valores destes mediante o pagamento de determinada comissão pelo cedente, assumindo o cessionário, em contrapartida, o risco de não recebê-los.

Verificam-se, assim, três principais momentos no contrato de *factoring*:

- o devedor emite um título de crédito a favor do faturizado pela compra a prazo de uma mercadoria ou de um determinado serviço;
- com o título em mãos, o faturizado utiliza-se de uma empresa de *factoring*, para que assim possa receber aquele título à vista, endossando-lhe o crédito; o faturizador compra o título

à vista, mas paga ao faturizado com um desconto do valor nominal (esse desconto representa a comissão ou taxa pelos riscos do não pagamento, além de considerar a incidência de juros e correção monetária);
- por fim, o faturizador, no vencimento do título, busca os valores imobilizados em sua totalidade, ou seja, com base no valor nominal do título.

Assim, o *factoring* tem como finalidade o fomento da atividade mercantil, o aumento dos ativos das empresas que são clientes e o aumento de suas vendas, a eliminação de seu endividamento e a transformação das vendas a prazo em vendas à vista.

Por outro lado, apesar de ser aparentemente um contrato de cessão de créditos ou direitos, o *factoring* vai mais além, envolvendo serviços de assessoria creditícia, gestão de crédito e acompanhamento de contas a receber, entre outros serviços.

Entretanto, a operação de *factoring* não pode ser vista como uma simples transferência de créditos ou direitos, ou como uma forma de burlar normas de direito bancário ou de direito comercial. Trata-se, na realidade, de operação complexa, composta de vários serviços, de forma que somente um contrato que inclua a realização de, no mínimo, dois serviços de forma contínua pode ser assim qualificado.

Dessa forma, pode-se dizer que o contrato de *factoring* possui como principais características:
- aquisição de créditos;
- estipulação de riscos para o faturizador, que recebe os valores cedidos pelo faturizado (cliente);
- liberdade de escolha por parte do faturizador das faturas ou títulos, em virtude do risco existente na transação;
- a cobrança de uma comissão ou taxa de remuneração.

Ressalte-se, nesse sentido, que a assunção dos riscos por parte do faturizador é elemento essencial para a caracterização desta figura contratual.

Muito embora ainda não haja legislação específica que regulamente o *factoring*, a Lei nº 9.249, de 26 de dezembro de 1995, que trata de imposto de renda, apresenta uma definição legal do que seja tal contrato:

> Art. 15. A base de cálculo do imposto, em cada mês, será determinada mediante a aplicação do percentual de oito por cento sobre a receita bruta auferida mensalmente, observado o disposto nos arts. 30 a 35 da Lei nº 8.981, de 20 de janeiro de 1995.
> §1º Nas seguintes atividades, o percentual de que trata este artigo será de:
> (...)
> d) prestação cumulativa e contínua de serviços de assessoria creditícia, mercadológica, gestão de crédito, seleção de riscos, administração de contas a pagar e a receber, compra de direitos creditórios resultantes de vendas mercantis a prazo ou de prestação de serviços (*factoring*).

As espécies ou modalidades de *factoring* praticadas no Brasil podem ser resumidas conforme abaixo.

- *convencional* — trata-se da compra de direitos creditórios ou ativos, representativos de vendas mercantis a prazo ou de prestação de serviços mediante notificação feita pelo vendedor (endossante-cedente) ao comprador (sacado-devedor). Nessa modalidade não ocorre antecipação ou adiantamento de recursos e o pagamento é feito à vista pela sociedade de fomento mercantil;

- *trustee* — trata-se da gestão financeira e de negócios da empresa-cliente, que passa a trabalhar com caixa zero, otimizando sua capacidade financeira;

- *exportação* — essa modalidade tem como objetivo comercializar no exterior bens produzidos por empresa-cliente do *factoring*. Ela é largamente utilizada na Europa;

- *compra de matéria-prima* — a empresa de *factoring* faz a intermediação da compra de matéria-prima para seu cliente, negociando diretamente com o fornecedor, visando obter melhor preço de compra.

ID # 5

A Organização Mundial do Comércio: regulação governamental do comércio

O sistema multilateral de comércio

Regulação do comércio internacional e protecionismo

Governos nacionais tendem a utilizar a *regulação do comércio internacional* para interferir nos fluxos de comércio exterior dos seus países, eventualmente criando barreiras aos produtos/serviços importados, e/ou falseando as condições de concorrência em favor dos produtos nacionais.

Regulação do comércio internacional, no âmbito deste capítulo, identifica quaisquer regras nacionais de origem estatal que tenham efeitos sobre o comércio internacional. Isto compreende a legislação (Constituição, leis, decretos, normativas etc.), bem como decisões e práticas de órgãos estatais ou entidades privadas atuando por delegação ou seguindo orientação estatal, em qualquer nível de governo (municipal, estadual, federal) ou esfera de poder (Executivo, Legislativo, Judiciário).

Sistema multilateral de comércio e limitações ao protecionismo

Os acordos internacionais do sistema multilateral de comércio/OMC visam restringir a interferência dos governos nacionais sobre o comércio internacional. Para isso, os acordos internacionais estabelecem *parâmetros* aos quais a regulação do comércio internacional nos países participantes do sistema deve se adequar.

As regras estabelecidas nos acordos internacionais são dirigidas aos *governos* dos países-membros da OMC, mas têm como *beneficiários* indiretos e/ou finais os *agentes privados*, aos quais buscam assegurar um ambiente de *previsibilidade* e *equidade* para o desenvolvimento de negócios no mercado globalizado. Os limites à ação governamental estabelecidos nos acordos da OMC garantem aos agentes privados dos países-membros que as condições dos negócios que fecharem com agentes privados de outro país-membro não serão alteradas no meio do caminho por interferência dos respectivos governos.

Antecedentes – Gatt 1947

O atual sistema multilateral de comércio, consolidado na OMC, nasceu no período pós-Segunda Guerra Mundial, quando líderes dos países ocidentais vencedores do conflito buscaram estabelecer mecanismos internacionais que evitassem a reedição de políticas nacionais "individualistas" que, ao buscar favorecer exportações e restringir importações elevando tarifas (imposto de importação) e impondo barreiras não tarifárias, acabaram fomentando a Grande Depressão e o conflito mundial (vários países haviam aplicado estas medidas, visando seu interesse individual, o que resultou em uma drástica redução no nível geral de comércio internacional, com saldo negativo para todos).

Na reunião de Bretton Woods (1944), onde foram definidas a criação do Banco Mundial (para viabilizar a reconstrução da Europa) e do Fundo Monetário Internacional — FMI (para evitar manipulações cambiais), foi projetada também a criação de uma Organização Internacional do Comércio (OIC), para disciplinar a regulação do comércio internacional pelos governos nacionais, evitando a adoção de medidas protecionistas.

A OIC não chegou a ser estabelecida nos termos projetados na reunião de Bretton Woods, devido a limitações da capacidade negociadora do Executivo norte-americano[30] mas, em 1947, foi firmado o Gatt (General Agreement on Tariffs and Trade), um tratado internacional estabelecendo compromissos sobre tarifas e regras gerais sobre comércio internacional baseadas nos acordos da OIC. A celebração do Gatt 1947, inicialmente assinado por 23 países, chamados "partes contratantes" *(contracting parties),* marca o início do sistema multilateral de comércio, hoje consolidado na OMC.

O Gatt 1947 visava a liberalização progressiva do comércio internacional entre seus membros, a ser implementada, principalmente, pela gradual redução das tarifas (imposto de importação), que são a face mais evidente das barreiras comerciais. Esta redução gradual de tarifas se processava por meio de rodadas de negociação periódicas, nas quais os membros trocavam concessões entre si. A mais ampla e complexa rodada de negociações da história do Gatt 1947 culminou com o Acordo de Marrakesh (15-4-1994), por meio do qual foi estabelecida a criação da OMC.

---

[30] Nos EUA, a competência para "regular o comércio com outras nações" é do Congresso e, não, do Executivo federal, como ocorre na maioria dos países, inclusive o Brasil. Por isso, o Executivo norte-americano somente pode firmar acordos internacionais na área de comércio internacional nos limites da delegação que receber do Poder Legislativo (a qual tornou-se popularmente conhecida como *fast track*), sob pena de o Legislativo posteriormente alterar os termos dos acordos internacionais negociados. Na época em que se discutia a criação da OIC, o Executivo dos EUA não tinha delegação do Congresso para constituir uma organização internacional, mas, apenas, para negociar tarifas.

Organização Mundial do Comércio (OMC/WTO)

Constituição

A OMC foi criada pelo Acordo de Marrakesh, que resultou da finalização da Rodada Uruguai do Gatt, e contava, então, com 123 territórios aduaneiros participantes. O acordo foi firmado em 1994, e passou a vigorar a partir de 1º de janeiro de 1995, sendo estruturado como um acordo-base (o acordo constitutivo da OMC), três anexos contendo acordos obrigatórios, e um anexo contendo acordos opcionais, como mostrado a seguir.

> Acordo constitutivo da OMC
> Anexo 1
>   Anexo 1A: Acordos Multilaterais sobre Comércio de Bens
>   Acordo Geral sobre Tarifas e Comércio 1994 – Gatt 1994
>   Entendimento sobre a Interpretação do Artigo II:1(b)
>   Entendimento sobre a Interpretação do Artigo XVII
>   Entendimento sobre disposições relativas a Balanço de Pagamentos
>   Entendimento sobre Derrogações (*waivers*)
>   Entendimento sobre a Interpretação do Artigo XXVIII
>   Acordo sobre a Implementação do Artigo VI do Gatt (acordo *antidumping*)
>   Acordo sobre a Implementação do Artigo VII do Gatt (valoração aduaneira)
>   Acordo sobre Inspeção Pré-Embarque
>   Acordo sobre Regras de Origem
>   Acordo sobre Procedimentos para o Licenciamento de Importações
>   Acordo sobre Subsídios e Medidas Compensatórias
>   Acordo sobre Salvaguardas
>   Anexo 1B: Acordo Geral sobre o Comércio de Serviços – Gats
>   Anexo 1C: Acordo sobre Aspectos dos Direitos de Propriedade Intelectual Relacionados ao Comércio – Trips
> Anexo 2: Entendimento Relativo às Normas e Procedimentos sobre Solução de Controvérsias
> Anexo 3: Mecanismo de Exame de Políticas Comerciais
> Anexo 4: Acordos Comerciais Plurilaterais

As modificações mais significativas do sistema multilateral de comércio pós-OMC em relação ao do Gatt 1947 estão descritas a seguir.

- *Incorporação dos produtos agrícolas e têxteis ao sistema* — os produtos agrícolas haviam sido excluídos da esfera de aplicação do

Gatt 1947 devido a um pedido de *waiver* (isenção individual) dos EUA; e os têxteis, pela pressão de países desenvolvidos que queriam proteger suas indústrias nesse setor.

- *Inclusão de regras sobre propriedade intelectual e investimentos.*
- *Adoção de um novo sistema de solução de controvérsias, com base na regra do "consenso negativo"* — o Sistema de Solução de Controvérsias (SSC) do Gatt 1947 seguia a regra do "consenso positivo", ou seja, para uma disputa (reclamação de um membro sobre o descumprimento das regras do Gatt por outro membro) ser iniciada, um parecer técnico sobre a questão ser aprovado, e para que medidas retaliatórias pelo membro reclamante (em caso de persistência da violação) fossem permitidas era necessária uma decisão neste sentido por consenso de todos os membros do Gatt, inclusive o reclamado. Evidentemente, na maioria dos casos, o país reclamado "bloqueava" o estabelecimento da disputa, ou o eventual parecer técnico contrário ao seu interesse ou, finalmente, a concessão de permissão para a adoção de medidas retaliatórias pelo membro reclamante. No sistema de "consenso negativo" da OMC, ao contrário, para uma disputa *não* ser iniciada, um parecer técnico *não* ser aprovado ou medidas retaliatórias pelo membro reclamante *não* serem permitidas é que seria necessária uma decisão por consenso de todos os membros, inclusive o reclamante. Desta maneira, no novo sistema de solução de controvérsias, o estabelecimento da disputa, a adoção do parecer técnico e a autorização para impor retaliações passaram a ser automáticos porque, no mínimo, o membro reclamante se posiciona a favor das imposições, inviabilizando o "consenso negativo" que permitiria o não estabelecimento da disputa ou o afastamento de seu resultado.
- *Adoção da regra do* single undertaking — *single undertaking* pode ser traduzido como "compromisso único", e significa

que os acordos da Rodada Uruguai do Gatt formam um único "pacote", que somente pode ser aceito em bloco. No Gatt 1947, os acordos específicos existentes — como *antidumping*, barreiras técnicas — eram opcionais, criando graus diferentes de compromissos entre os diversos membros. Agora, os países que quiserem ser membros da OMC precisam aderir a todos os acordos específicos estruturados como anexos 1 a 3 do acordo constitutivo da OMC (somente os acordos denominados "acordos plurilaterais", incluídos no anexo 4 do acordo constitutivo da OMC, são opcionais).

- *Revogação da cláusula do avô* (grandfather clause) — a chamada "cláusula do avô" garantia às regulações nacionais anteriores ao advento do Gatt uma "imunidade" às regras da parte II do acordo. No sistema pós-OMC essa "imunidade" foi abolida. Em consequência, mesmo normas nacionais instituídas em período bastante anterior à assinatura do Gatt passaram a respeitar os parâmetros estabelecidos nos acordos firmados na Rodada Uruguai e a estar sujeitas a questionamento no âmbito da OMC, como ocorreu, por exemplo, com uma legislação norte-americana de 1917, imputada incompatível com o acordo *antidumping* da OMC.

Estrutura

A estrutura organizacional da OMC espelha os anexos ao seu acordo constitutivo, como pode ser observado a seguir.

Todos os órgãos decisórios da OMC são compostos por representantes dos governos dos países-membros. Estes órgãos recebem apoio técnico e operacional do Secretariado, composto por funcionários (burocratas) selecionados mediante concurso público aberto à participação de nacionais de todos os países-membros.

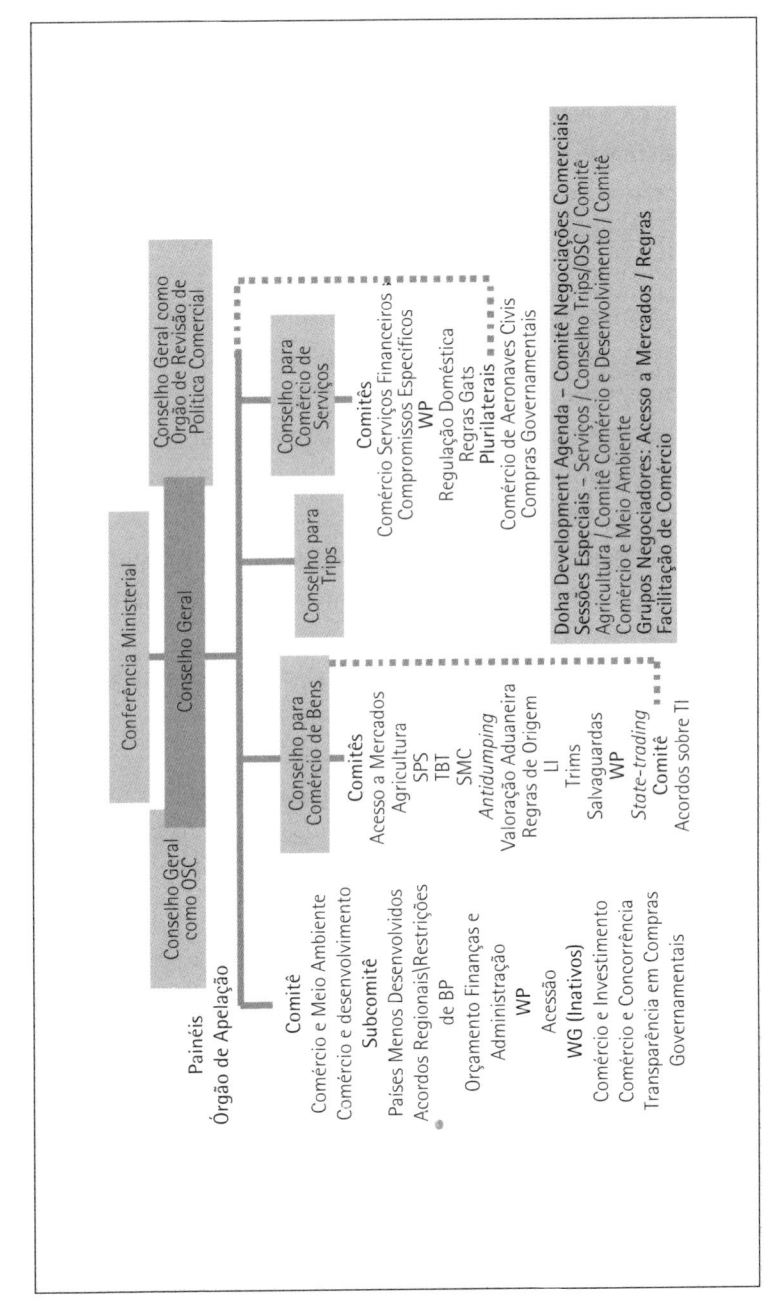

A ORGANIZAÇÃO MUNDIAL DO COMÉRCIO 115

Conferência Ministerial

Conselho Geral
- Conselho Geral como OSC
- Conselho Geral
- Conselho Geral como Órgão de Revisão de Política Comercial

Painéis
Órgão de Apelação

Comitê
Comércio e Meio Ambiente
Comércio e desenvolvimento
Subcomitê
Países Menos Desenvolvidos
Acordos Regionais|Restrições de BP
Orçamento Finanças e Administração
WP
Acessão
WG (Inativos)
Comércio e Investimento
Comércio e Concorrência
Transparência em Compras Governamentais

Conselho para Comércio de Bens
Comitês
Acesso a Mercados
Agricultura
SPS
TBT
SMC
Antidumping
Valoração Aduaneira
Regras de Origem
LI
Trims
Salvaguardas
WP
State-trading
Comitê
Acordos sobre TI

Conselho para Trips

Conselho para Comércio de Serviços
Comitês
Comércio Serviços Financeiros
Compromissos Específicos
WP
Regulação Doméstica
Regras Gats
Plurilaterais
Comércio de Aeronaves Civis
Compras Governamentais

Doha Development Agenda – Comitê Negociações Comerciais
Sessões Especiais - Serviços / Conselho Trips/OSC / Comitê Agricultura / Comitê Comércio e Desenvolvimento / Comitê Comércio e Meio Ambiente
Grupos Negociadores: Acesso a Mercados / Regras Facilitação de Comércio

Fonte: *Understanding the WTO: the organization – WTO Organization Chart*. Disponível em: <www.wto.org/english/thewto_e/whatis_e/tif_e/org2_e.htm>.

A Conferência Ministerial é composta pelos ministros das Relações Exteriores (ou equivalentes) dos países-membros. É estabelecida nas rodadas periódicas de negociações, e é o órgão decisório máximo da OMC. Cada membro tem direito a um representante e a um voto.

O Conselho Geral é composto pelos embaixadores dos países-membros junto à OMC. É o órgão decisório da OMC no dia a dia da organização. Cada membro tem direito a um representante e a um voto.

Subordinam-se ao Conselho Geral um Conselho para o Comércio de Bens, um Conselho para o Comércio de Serviços e um Conselho para Direitos de Propriedade Intelectual Relacionados ao Comércio (Trips). Os dois primeiros contam com uma série de comitês correspondentes, respectivamente, a cada um dos acordos multilaterais sobre o comércio de bens, e às áreas específicas do Acordo Geral sobre o Comércio de Serviços (Gats). Os conselhos específicos e o próprio Conselho Geral contam, também, com comitês, subcomitês e grupos de trabalho (*working party* — WP) para questões específicas.

O Órgão de Solução de Controvérsias (OSC) é o Conselho Geral reunido com função específica de examinar questões a disputas entre os membros, o que ocorre mensalmente.

O Órgão de Revisão de Política Comercial é o Conselho Geral reunido com a função específica de realizar a revisão periódica da política comercial dos membros, nos termos do Mecanismo de Revisão Política Comercial.

Sistema de Solução de Controvérsias

O Sistema de Solução de Controvérsias (SSC) é uma peça-chave no funcionamento do sistema multilateral de comércio, pois é por meio dele que cada membro da OMC pode reclamar dos demais membros o cumprimento dos compromissos acordados. Mais que isso, o SSC da OMC permite ao membro reclamante impor retaliações comerciais contra o membro infrator, na proporção dos danos causados pela infração, até que o infrator cumpra a decisão da OMC.

Outro aspecto muito relevante do SSC é que as decisões dos painéis ou do Órgão de Apelação esclarecem o conteúdo das obrigações assumidas nos acordos da OMC, o qual nem sempre é evidente a partir do texto dos tratados, cuja linguagem "diplomática" é frequentemente vaga e cheia de lacunas.

Os "dentes" da OMC: direito de suspender concessões e automatização

A possibilidade de o membro reclamante suspender concessões comerciais em relação ao membro reclamado, proporcionalmente ao prejuízo causado pelo descumprimento de decisões da OMC, faz com que esta tenha "dentes", diferentemente do que ocorre com a maioria dos sistemas de solução de controvérsias internacionais, cujos julgados têm apenas apelo político ou moral. Esta possibilidade já existia, em tese, na época do Gatt, mas tornou-se efetiva e concreta após a criação da OMC, devido à troca do sistema de "consenso positivo" pelo sistema de "consenso negativo", o qual tornou automáticos o estabelecimento da disputa, a adoção do parecer técnico e a autorização para suspender concessões, conforme já explicado.

A "automatização", que torna o SSC da OMC eficaz, explica por que o sistema vem sendo acionado com grande e crescente frequência, tendo, já nos primeiros cinco anos de vigência, igualado o número total de controvérsias (em torno de 300) processadas no sistema do Gatt durante quase 50 anos de existência. A efetividade, seja pelo cumprimento, seja pela retaliação, também explica por que, atualmente, as decisões da OMC (como o caso Embraer-Bombardier, os casos dos subsídios agrícolas ao algodão e ao açúcar) são divulgadas e discutidas na mídia: elas geram resultados concretos, que afetam o dia a dia do público em geral, e, por isso, são notícia.

O acesso ao SSC – diplomacia e setor privado

Como já frisado no início deste estudo, o sistema multilateral de comércio existe para garantir aos agentes privados um ambiente de previsibilidade e equidade no comércio internacional. Assim, são os agentes de significativo poder econômico que estão por trás de todas as disputas comerciais travadas na OMC, seja pelo lado do Estado reclamante, seja pelo lado do Estado reclamado.

Em uma ponta, os membros da OMC desrespeitam seus compromissos internacionais adotando medidas protecionistas (como barreiras comerciais) ou distorcivas da concorrência (como subsídios ilegais) para atender interesses de determinados setores privados nacionais. Na outra ponta, os setores privados nacionais de outros membros da OMC afetados por aquelas medidas adotadas pelo primeiro membro pressionam seus Estados nacionais a iniciarem uma controvérsia na OMC para reclamar do membro infrator a sua revogação.

Não obstante, ainda que os "beneficiários" indiretos e/ou finais das regras do sistema multilateral de comércio sejam os agentes privados, o SSC da OMC é um sistema diplomático, isto é, as partes, nas controvérsias nele processadas, são sempre Estados. O sistema não pode ser acionado diretamente pelos agentes privados, nem estes podem se fazer representar diretamente nas controvérsias.

O acesso, ao SSC da OMC, do setor privado atingido por medidas protecionistas ou distorcivas da concorrência se dá apenas e tão somente indiretamente, por intermédio dos representantes diplomáticos de seu país, que, em nome do Estado, apresentam uma reclamação contra o outro Estado, também membro da OMC, que está infringindo as regras. Cada país-membro da OMC tem seus próprios critérios para definir em que situações a queixa apresentada pelo setor privado nacional sobre a violação de regras internacionais por outro país-membro será processada como uma queixa formal perante a OMC.

Alguns países têm canais formais para o setor privado apresentar suas queixas e as razões factuais, técnicas e legais pelas quais entende que determinada regulação de outro membro da OMC viola as regras internacionais. É o caso dos EUA e da União Europeia, onde o setor privado pode iniciar um procedimento administrativo para comprovar a infração de regras internacionais por outros membros da OMC. Se este procedimento administrativo for julgado procedente, o governo dos EUA ou da União Europeia precisará levar a questão à OMC.

No Brasil, não há canal formal para o setor privado apresentar suas queixas sobre violação de regras da OMC por outros membros da organização. O setor do governo responsável por estes processos é a Coordenadoria-Geral de Contenciosos (CGC), uma divisão do Ministério das Relações Exteriores (MRE). O setor privado nacional interessado deve apresentar um "pré-caso" à CGC/MRE, indicando suas queixas e as razões factuais, técnicas e legais pelas quais entende que determinada regulação de outro membro da OMC viola as regras internacionais. A CGC avaliará se existe efetivamente um caso e quais suas chances de sucesso, e determinará se a questão será levada adiante. Não há, porém, obrigatoriedade de o governo brasileiro levar efetivamente um caso à OMC, mesmo se uma violação for comprovada. A decisão de ir ou não à OMC, no sistema brasileiro, leva em conta também a relevância e as implicações políticas da controvérsia, entre outros fatores.

Estrutura do SSC da OMC

O SSC estrutura-se com um órgão decisório, que é o já mencionado Órgão de Solução de Controvérsias (OSC), órgãos técnicos, que são os "painéis" (neologia do inglês *panel*) e o Órgão de Apelação.

O OSC, como já visto, nada mais é que o Conselho Geral da OMC (composto pelos embaixadores dos membros junto à organização) reunido com a função de apreciar questões relativas a controvérsias. A função do OSC tem sido meramente formal, devido à regra do consenso negativo, que "automatiza" o estabelecimento das disputas, a adoção dos pareceres técnicos dos painéis e do Órgão de Apelação, e a autorização para impor retaliações comerciais.

Os painéis são comitês de especialistas responsáveis pela elaboração de um parecer sobre as questões-objeto da controvérsia, no qual opinam se o membro reclamado descumpriu as regras internacionais da OMC apontadas como violadas pelo membro reclamante. Os painéis são constituídos caso a caso, normalmente com três integrantes, mas podendo também ter cinco integrantes. Estes são indicados a partir de listas de especialistas em direito ou política comercial internacional, ou em matérias específicas que sejam objeto dos acordos da OMC (como regras fitossanitárias, serviços financeiros), mantidas junto ao Secretariado da OMC. Cada membro da OMC apresenta sugestões de nomes de pessoas (que podem ser funcionários governamentais, ou não) para integrar essa lista de especialistas, sujeitos à aprovação do OSC. Como regra geral, os especialistas integrantes não podem atuar em casos nos quais seja parte o membro do qual são nacionais.

O Órgão de Apelação (AO) é um colegiado permanente responsável pela elaboração de pareceres sobre as questões de direito, objeto da controvérsia, em caráter de revisão da decisão do painel, quando uma ou ambas as partes apelam dessa decisão. O OA tem sete integrantes, mas apenas três deles atuam em cada caso.

A composição do OA é fixa. Seus integrantes devem ser pessoas de reconhecida competência, com experiência comprovada em direito, comércio internacional e nos assuntos abrangidos nos acordos da OMC em geral. Os integrantes do OA são indicados por consenso de todos os membros da OMC e nomeados pelo OSC; cumprem mandatos determinados de quatro anos, que podem ser renovados uma única vez, também por decisão de consenso dos membros da OMC. Os termos iniciais dos mandatos dos integrantes do OA são diferentes, para conciliar a renovação periódica de sua composição com um certo grau de estabilidade e continuidade na jurisprudência.

Etapas das controvérsias

O SSC da OMC segue cinco fases, conforme a seguir:

1. *Consultas* — O país-membro reclamante solicita formalmente ao membro reclamado esclarecimentos sobre a questão, objeto da controvérsia, e as partes devem discuti-la entre si. Esta fase dura 60 dias, é obrigatória, e visa propiciar que as partes negociem e encontrem uma solução mutuamente aceitável.

Na prática, longas negociações informais normalmente precedem o recurso ao SSC. Assim, a efetiva função da formalização do pedido de consultas é ser uma indicação do membro reclamante ao membro reclamado de que, de fato, exigirá deste o cumprimento de suas obrigações. É este indicativo da intenção do membro reclamante de levar a questão adiante que, muitas vezes, induz o membro reclamado a negociar e fechar o acordo até ali não viabilizado.

2. *Painel* — Quando, na fase de consultas, as partes não conseguem chegar a uma solução mutuamente aceitável, o membro recla-

mado pode solicitar o estabelecimento do painel na próxima reunião do OSC. Nesta primeira reunião o membro reclamado tem o direito de bloquear a instauração do painel (o que normalmente ocorre, com finalidades protelatórias). Na reunião seguinte do OSC, o membro reclamante pode solicitar novamente a instauração do painel, e o membro reclamado não tem mais direito de a bloquear.

O painel deve apresentar um relatório com seu parecer sobre as questões que se constituem em objeto da controvérsia — para as partes, no prazo de seis meses, e para o OSC, dentro de nove meses, ambos os prazos contados da sua composição. Não havendo interposição de recurso de apelação por nenhuma das partes, o OSC deve adotar o relatório dentro de 60 dias do seu recebimento.

Como regra geral, a duração total da controvérsia, desde a constituição do painel até a adoção de seu relatório pelo OSC, não deve exceder nove meses, nos casos em que não há apelação.

3. *Apelação* — Qualquer uma das partes pode apelar da decisão do painel, devendo comunicar sua intenção dentro dos 60 dias do envio do relatório ao OSC. O OA deve apresentar relatório com sua decisão sobre a controvérsia dentro de 60 dias contados da notificação, por uma das partes, de sua decisão de apelar, ou excepcionalmente, no prazo de matéria-prima.

Como regra geral, nos casos em que houver apelação, a duração total da controvérsia, desde a constituição do painel até a adoção do relatório do OA pelo OSC, não deve exceder 12 meses contados do estabelecimento do painel.

4. *Implementação* — Caso seja reconhecida a procedência da reclamação, o membro reclamado deve implementar a recomendação do painel ou do OA, alterando a regulação nacional de forma a torná-la compatível com as regras da OMC dentro de um "prazo razoável", que não deve exceder a 15 meses contados da adoção, pelo OSC, do relatório do painel ou do OA. Este prazo

leva em consideração que, frequentemente, a alteração da regulação nacional exige ação do Poder Legislativo do membro infrator, o que é usualmente um processo demorado. Se houver acordo entre as partes envolvidas na controvérsia, o prazo de implementação poderá ser prorrogado.

5. *Suspensão de concessões* (*retaliação*) — Se, após o decurso de 30 dias contados do termo final do prazo razoável fixado para implementação da decisão do painel ou do OA, o membro reclamado não tiver adotado as medidas cabíveis para tornar a regulação nacional compatível com as regras da OMC, o membro reclamante poderá solicitar autorização para "suspender concessões comerciais". Essa "suspensão de concessões" é uma autorização para o membro reclamante deixar de cumprir, em relação ao reclamado, obrigações decorrentes dos compromissos assumidos na OMC, em grau equivalente aos prejuízos decorrentes da infração às regras cometida pelo reclamado. Na prática, é uma autorização para impor retaliações comerciais.

A suspensão de concessões pelo membro reclamante deve, em princípio, ocorrer na mesma área em que houve o descumprimento de obrigações pelo membro reclamado, mas pode ocorrer em qualquer outro acordo da OMC. Por exemplo, em um caso vencido por países latino-americanos, que reclamaram sobre violação à regra da Nação Mais Favorecida (NMF) cometida pela União Europeia (EU) ao conceder tratamento preferencial a bananas originárias de suas ex-colônias africanas, um país reclamante solicitou e obteve o direito de retaliar a UE suspendendo concessões do Acordo Trips, na área de propriedade intelectual. Isto garantiu ao país latino-americano real poder de fogo contra a UE, que foi atingida pela ameaça de suspensão de remessa de *royalties*, como não o seria pela imposição de barreiras tarifárias, já que o comércio com o país latino representava porção insignificante das trocas comerciais da UE.

Princípios gerais do sistema: consolidação tarifária, cláusula da Nação Mais Favorecida, tratamento nacional. Exceções gerais.

Os princípios básicos do sistema multilateral de comércio estão estabelecidos nos arts. I, II e III do Gatt: consolidação tarifária (art. II), cláusula da nação mais favorecida — NFM (art. I) e tratamento nacional (art. III). As exceções gerais a esses princípios são estabelecidas no art. XX do Gatt.

Consolidação tarifária

O art. II do Gatt estabelece para os membros da OMC a obrigação de não aplicar tarifas aduaneiras em montante superior à *tarifa consolidada* indicada na *lista de concessões tarifárias*.

Tarifa consolidada é o valor máximo (teto) de alíquota do imposto de importação que cada membro da OMC se compromete a aplicar para certos produtos do seu universo tarifário. Por exemplo, se a tarifa consolidada do país X para relógios é de 25%, o país X poderá, legitimamente, fixar imposto de importação sobre relógios em qualquer valor até 25% (por exemplo, 14%), mas não em patamar superior àquele percentual.

Cada membro da OMC fornece uma *lista de concessões tarifárias* (*schedules of concessions*) indicando quais são os bens do universo tarifário (conforme a respectiva classificação tarifária nacional) para os quais está consolidando tarifas, e o valor da tarifa consolidada para cada um.

Não é obrigatório consolidar tarifas para todo o universo tarifário. Vários membros da OMC consolidam as tarifas de alguns produtos do universo tarifário, mantendo outras não consolidadas. O Brasil, no entanto, optou por consolidar todo o universo tarifário, e com tarifas consolidadas únicas de 35% para bens industriais, e 55% para bens agrícolas (outros países consolidam individualmente, por produto).

Quando um membro mantém a tarifa para um determinado bem "não consolidada", não tem obrigações de teto tarifário em relação a esse bem. Assim, pode fixar a alíquota do imposto de importação para esse bem em qualquer patamar, sem nenhuma limitação (por exemplo, 300%, 1.500%).

As listas de concessões tarifárias de todos os membros da OMC estão disponíveis para consulta por qualquer interessado, via internet, no site da OMC: <www.wto.org>. Assim, um exportador de um país-membro da OMC pode saber, em um estudo prévio, qual a tarifa máxima à qual poderá estar sujeito seu produto no país importador, também membro. Isto apenas garante maior margem de previsibilidade, pois a tarifa aplicada não necessariamente coincide com a tarifa consolidada, que é a máxima aplicável.

Caso prático: Grécia — LPs v. discos antigos

Ainda nos primeiros anos de vigência do Gatt, a Grécia havia consolidado a tarifa para discos gravados em 78 rotações (os "discos antigos"). Posteriormente àquela consolidação, surgiram os discos *long play* (LPs), que substituíram os discos antigos junto ao mercado consumidor de discos. Alguns membros do Gatt alegavam que a tarifa consolidada para os discos antigos deveria valer também para os LPs, pois estes eram produtos similares aos discos antigos. A Grécia, no entanto, recusava-se a restringir a tarifa aplicada aos LPs ao patamar consolidado para os discos antigos, aduzindo que os LPs eram um produto novo, para o qual a tarifa não estava consolidada.

A decisão do caso Grécia — LPs *v.* discos antigos estabeleceu alguns critérios para determinar a solução aplicável nestas situações, com base na classificação tarifária adotada no país importador:
- o novo produto deve ser enquadrado na classificação do bem do qual esteja mais próximo; esse princípio não se aplica, po-

rém, quando a classificação contém o item "outros artigos não especificados";

- o novo produto deve ser considerado abrangido pelo compromisso de consolidação tarifária se claramente coberto pela descrição do produto consolidado;
- a legislação nacional deve ser utilizada como referência para determinar os princípios de classificação tarifária, mas não é determinante.

Cláusula da nação mais favorecida

O art. II do Gatt estabelece, para os membros da OMC, a obrigação de estender, imediata e incondicionalmente, qualquer benefício concedido a um produto originário de ou destinado a membro da OMC também a produtos similares originários de ou destinados a outros membros. Assim, essa regra, conhecida como regra da nação mais favorecida (NMF) — porque "todos devem receber o tratamento da nação mais favorecida" — visa garantir a não discriminação entre produtos similares originários de ou destinados a membros da OMC.

A regra da NMF se aplica a tarifas aduaneiras e encargos de qualquer tipo incidentes ou em conexão com importação ou exportação.

Exceções específicas à regra da NMF são admitidas em duas situações:
- acordos regionais de comércio enquadrados como "união aduaneira" ou "zona de livre comércio", nos termos do art. XXIV do Gatt;[31]

---

[31] O art. XXIV do Gatt estabelece que as normas do Gatt não devem impedir (*shall not prevent*) a formação de uniões aduaneiras ou de zonas de livre comércio entre as

- concessão de benefícios por países desenvolvidos a países em desenvolvimento e mútua outorga de benefícios por países em desenvolvimento.[32]

Caso prático: Espanha – tratamento tarifário de café

A Espanha aplicava uma determinada tarifa indistintamente sobre a importação do produto "café". A tarifa não era consolidada. Posteriormente, a Espanha criou uma nova classificação tarifária para o café, comportando subdivisões do produto "café" em algumas subcategorias, sujeitas a diferentes tarifas de importação. As categorias *"Columbian mild"* e *"outher mild"* gozavam de alíquota zero, enquanto as categorias *"unwashed arabica"* e "robusta" eram taxadas à alíquota de 7% *ad valorem*.

De acordo com a nova classificação tarifária espanhola, o tipo de café exportado pelo Brasil se enquadrava nas subcategorias

---

partes do acordo. "União aduaneira" é definida como a substituição de territórios aduaneiros individuais por um único território aduaneiro, de tal forma que tarifas e outras regulações restritivas do comércio (exceto, quando necessário, as permitidas pelos arts. XI, XII, XIII, XIV, XV e XX) estão eliminadas em, substancialmente, todo o comércio entre os membros, e as mesmas tarifas e outras regulamentações do comércio são aplicadas por cada membro no comércio com terceiras partes. "Zona de livre comércio" é definida como um grupo de dois ou mais territórios aduaneiros nos quais tarifas e outras regulações restritivas do comércio (exceto, quando necessário, as permitidas pelos arts. XI, XII, XIII, XIV, XV e XX) estão eliminadas em, substancialmente, todo o comércio entre os membros.

[32] A exceção permitindo preferências tarifárias para ou entre países em desenvolvimento foi estabelecida por uma regra conhecida como "cláusula de habilitação" (*enabling clause*), que expressamente autoriza a conferência de tratamento diferenciado e mais favorável a países em desenvolvimento, sem outorgar tal tratamento a outros membros da OMC. Os "países em desenvolvimento" são "autodefinidos", pois não há uma delimitação oficial sobre quem seja país desenvolvido ou em desenvolvimento. A única regra expressa nessa área é em relação à definição de "países menos desenvolvidos", que é feita com referência a uma listagem formulada pela ONU.

taxadas à alíquota de 7%, enquanto o tipo de café exportado pela Colômbia se enquadrava nas subcategorias beneficiadas com a alíquota zero de imposto de importação. Inconformado com a situação, o Brasil contestou a discriminação tarifária introduzida pelo novo sistema espanhol de classificação tarifária do café, alegando que os tipos de café exportados pelo Brasil e pela Colômbia eram produtos similares; portanto, a aplicação da tarifa inferior para o café de subtipo correspondente ao café colombiano, sem estender o mesmo benefício ao produto similar (o outro subtipo de café) brasileiro violava a regra da NMF.

O painel que examinou o caso deu razão ao Brasil. Em primeiro lugar, a decisão assinalou que a regra da NMF se aplica igualmente nos casos de produtos consolidados ou não consolidados. Efetivamente, o art. I do Gatt não estabelece nenhuma limitação expressa de sua aplicabilidade aos produtos consolidados. Disto se conclui que a regra proibindo discriminação se estende também às tarifas não consolidadas. Embora as tarifas não consolidadas possam ser fixadas em qualquer patamar, não podem ser fixadas distinguindo entre os produtos originários de ou destinados a diferentes membros do Gatt/OMC.

A decisão ponderou também que, embora os países sejam livres para estabelecer a classificação tarifária que desejarem, uma *reclassificação* posterior a uma concessão tarifária não pode ser feita em violação àquela concessão. O ponto-chave aqui é que, na época em que concessões tarifárias foram negociadas entre Brasil e Espanha, a classificação tarifária do café utilizada pela Espanha não continha subdivisões taxadas diferentemente. Assim, a criação posterior de uma subdivisão na classificação tarifária alterou o balanço de direitos e obrigações estabelecido na negociação comercial ao criar uma desvantagem para o produto brasileiro em relação ao concorrente colombiano.

Diante disto, e da observação de que "o café era universalmente tido como um único produto a ser usado como bebida", os dois subtipos de café foram considerados produtos similares. Sendo os produtos similares, a concessão de redução tarifária beneficiando o subtipo de café produzido por um membro, mas não o produzido por outro(s), foi considerada violação da regra da NMF.

Caso prático: Japão – tarifa sobre importação de mogno SPF

O Japão adotava sistema de classificação tarifária que distinguia entre dois tipos distintos de mogno, que eram taxados a diferentes alíquotas de importação. O Canadá questionou a discriminação entre a tarifa de importação aplicada pelo Japão sobre dois diferentes tipos de mogno, alegando que a imposição de tarifa mais alta ao tipo de mogno produzido pelo Canadá violava a regra da NMF.

A reclamação canadense não foi acolhida. A decisão sobre o caso ponderou que a distinção entre dois tipos diferentes de mogno já existia na classificação tarifária japonesa à época da negociação das concessões tarifárias; assim, os produtos não foram considerados similares. Consequentemente, eventuais distinções de taxação entre os dois tipos de mogno, mesmo implicando favorecimento do mogno importado dos membros que produziam o subtipo beneficiado com a tarifa mais baixa, não foram consideradas violação da regra da NMF.

Caso prático: CE – bananas

Ainda à época do Gatt, a então Comunidade Europeia (CE) estabeleceu preferências tarifárias para as bananas importadas de países africanos que eram ex-colônias europeias. Países latino-americanos exportadores de bananas e os EUA, que tinha empresas que exploravam a exportação de bananas naqueles países, questionaram as preferências concedidas pela CE às bananas africanas, alegando violação à regra da NMF.

A CE alegou, em sua defesa, que as preferências concedidas às bananas africanas estariam justificadas porque teria acordo de livre comércio com aqueles países nos termos do art. XXIV do Gatt, que autoriza os membros do Gatt/OMC a deixarem de cumprir outras regras do Gatt para constituírem uniões aduaneiras (UA) ou zonas de livre comércio (ZLC), definidas como áreas nas quais tarifas e outras regulamentações comerciais restritivas são eliminadas em, substancialmente, todo o comércio entre os territórios constituintes da UA ou ZLC.

Os acordos entre a CE e os países africanos previam que ela deveria fazer concessões tarifárias em relação a certos produtos originários daqueles países.

O painel que examinou o caso considerou que as preferências concedidas pela CE às bananas africanas, em violação à regra da NMF, não podiam ser justificadas com base no art. XXIV do Gatt. A decisão ponderou que os supostos acordos de livre comércio entre a CE e as ex-colônias africanas estabeleciam apenas preferências para estas no mercado europeu. O art. XXIV do Gatt, porém, caracteriza UA ou ZLC como áreas onde tarifas e regulamentações comerciais restritivas são eliminadas no comércio *entre os territórios* constitutivos da ZLC ou UA, o que exige uma liberalização *recíproca* do comércio, e não apenas *unilateral*, como estabelecido no acordo da CE com suas ex-colônias africanas.

Caso prático: UE – café solúvel

A UE passou a conceder preferências tarifárias ao café solúvel importado da Colômbia, a título de contribuição ao programa antidrogas que visava estimular a troca do cultivo da folha de coca pelo cultivo do café. O Brasil iniciou uma reclamação contra a UE na OMC, alegando que essas preferências violavam a norma da NMF e, por discriminação entre países em desenvolvimento, não podiam ser justificadas com base na exceção de benefícios a tais países.

O caso foi encerrado por acordo entre a UE e o Brasil. A UE aumentou as quotas de importação preferencial de café brasileiro, o que foi suficiente para atender aos interesses dos produtores nacionais naquele momento, mesmo tendo o caso ficado sem um parecer técnico sobre a questão discutida.

Mais recentemente, porém, em caso discutindo questão similar, a OMC decidiu que os programas de países desenvolvidos concedendo benefícios a países em desenvolvimento (PEDs) podem estabelecer critérios nos quais os PEDs precisam se enquadrar para que tenham direito ao benefício, desde que tais critérios sejam objetivos e não discriminatórios.

Tratamento nacional

O art. III do Gatt estabelece, para os membros da OMC, a obrigação de não aplicar a legislação interna de maneira a conferir proteção à produção nacional. Assim, essa regra, conhecida como regra do tratamento nacional visa garantir a não discriminação entre produtos nacionais e produtos importados, em desfavor dos últimos.

A regra do tratamento nacional se aplica à tributação interna imponível a produtos importados (por exemplo, no Brasil, ICMS, IPI), mesmo se a cobrança ocorrer na internalização do produto, e a toda a regulação interna que afete a venda, oferta para venda, compra, transporte, distribuição e uso de produtos no âmbito interno do país (tais como normas fitossanitárias, requisitos técnicos etc.).

Mais especificamente, o art. III do Gatt veda aos membros da OMC, na área da tributação interna, tributar em excesso produto importado similar ao nacional (art. III:2, primeira sentença), e tributar diferentemente produto diretamente concorrente ou substituto de maneira a conferir proteção à produção nacional (art. III:2, segunda sentença). Na área regulatória, o art. III do Gatt exige que os membros da OMC confiram ao produto similar importado tratamento não menos favorável que o conferido ao produto nacional (art. III:4).

Nas controvérsias relacionadas à aplicação da regra do tratamento nacional há duas questões-chave: a similaridade ou relação de concorrência direta/substituibilidade, e a existência de tributação do produto importado em excesso à tributação do produto nacional ou de tributação/regulação favorecendo o produto nacional em detrimento do importado. Os dois pontos são sempre determinados caso a caso, mas com base em alguns critérios.

A existência de similaridade entre o produto nacional e o importado é determinada com base em um conjunto de critérios, nenhum dos quais é, em si, definitivo:

- usos finais do produto em um dado mercado;

- gostos e hábitos do consumidor (que variam de país para país);

- características físicas do produto (propriedades, natureza e qualidade);

- classificação tarifária.

O favorecimento do produto nacional em detrimento do importado é considerado presente sempre que a tributação/regulação altere as condições de concorrência em desfavor do produto importado.

Caso prático: Japão — bebidas alcoólicas

No sistema japonês de tributação de bebidas destiladas, a tributação imposta sobre o destilado *shochu*, de tradicional produção nacional, era substancialmente mais baixa que a tributação aplicável a destilados normalmente importados, como uísque, conhaque e vodca. Os EUA, o Canadá e a UE apresentaram reclamações contra o sistema japonês, alegando que este era discriminatório aos destilados importados por favorecer o destilado típico japonês com uma tributação mais baixa.

O painel e o OA deram razão aos reclamantes, reconhecendo similaridade/relação de concorrência/substituibilidade entre o *shochu* e os destilados importados, e que a tributação superior afetava as condições de concorrência em desfavor dos destilados importados.

Caso prático: máquinas agrícolas italianas

A Itália concedia subsídio a produtores agrícolas italianos para a aquisição de tratores italianos. O subsídio não era concedido no caso da aquisição de tratores importados. À época, a concessão de subsídios não era regulada por nenhum acordo específico.

A regulação sobre o subsídio foi considerada incompatível com o art. III:4 do Gatt, pois alterava as condições de concorrência em desfavor dos produtos importados, que não podiam ser adquiridos com o subsídio disponível para os tratores italianos.

Caso prático: CE – asbesto[33]

A França editou legislação que proibiu o uso e venda de amianto e de produtos contendo amianto naquele país, incluindo proibição da importação de tais produtos. O Canadá contestou a medida, alegando que o banimento do amianto configuraria discriminação em desfavor de produto importado, violando o

---

[33] Asbesto: variedade de anfibólio, composta de silicato de cálcio e de magnésio, que se apresenta em massas fibrosas incombustíveis e infusíveis, de aplicação comercial, sendo o amianto sua variedade mais pura. (*N. do E.*)

art. III:4 do Gatt, pois a França permitia a venda e uso de uma fibra substituta, de origem francesa.

O amianto e as fibras substitutas cuja venda é permitida na França têm exatamente as mesmas aplicações. O amianto é uma fibra comprovadamente carcinogênica, isto é, provoca câncer. Existe suspeita de que as fibras substitutas também o sejam, mas o seu potencial carcinogênico não foi ainda comprovado no mesmo nível do amianto.

O Órgão de Apelação da OMC decidiu que não havia violação do art. III:4 do Gatt no caso CE — asbesto, porque o amianto e as fibras substitutas daquele produto não seriam produtos similares. Essa conclusão sobre a inexistência de similaridade foi baseada no fato de que o amianto é comprovadamente cancerígeno, e fibras substitutas, não. O OA considerou que este fato configurava uma diferença significativa nas características físicas dos dois produtos, passível de influenciar, por si, o comportamento do consumidor na escolha entre um e outro.

Gatt – Exceções gerais

O art. XX enuncia as chamadas "exceções gerais" do Gatt. Medidas incompatíveis com outros dispositivos do acordo podem ser justificadas se enquadradas em uma das diversas hipóteses previstas nas alíneas "a" a "j" do art. XX, sujeitas às condições estabelecidas no *caput* do dispositivo, que estabelece que as regras do Gatt não devem ser interpretadas como impedimento à adoção, pelos membros, de medidas enquadradas em uma de suas hipóteses, *desde que* tais medidas não constituam: (i) um meio de discriminação arbitrária ou injustificável entre países nos quais prevaleçam as mesmas condições, ou (ii) uma restrição disfarçada ao comércio internacional.

Entre as diversas hipóteses mencionadas nas alíneas do art. XX, as que se têm mostrado mais relevantes sob o ponto de vista de controvérsias entre membros do sistema multilateral de comércio são as descritas nas alíneas "b", "d" e "g":

- medidas necessárias para a proteção da saúde ou da vida humana/animal/vegetal — art. XX "b";
- medidas necessárias para assegurar o cumprimento de leis ou regulamentos os quais não sejam incompatíveis com as regras do Gatt, incluindo a proteção de patentes, marcas e direitos autorais — art. XX "d";
- medidas relacionadas à conservação de recursos naturais exauríveis — art. XX "g".

Caso prático: Tailândia — cigarros

A Tailândia proibiu a importação de cigarros, mas continuava permitindo a venda de cigarros produzidos no país. A medida foi acusada de favorecer produto nacional em detrimento do similar importado (violação do art. III:4 do Gatt). A Tailândia alegou que a medida seria justificada com base no art. XX "b", por ser necessária à proteção da saúde.

O painel que examinou o caso julgou que a proibição da importação de cigarros não configurava uma medida necessária para a proteção da saúde. O painel observou que a Tailândia teria outros recursos para desencorajar o consumo de cigarros (como tributação mais elevada sobre cigarros, medidas limitadoras do consumo, campanhas antitabagismo etc.), menos restritivos ao comércio internacional do que a proibição da importação. Como a Tailândia não demonstrou a inviabilidade de atingir o fim proposto com meios menos restritivos ao comércio, e, ainda por cima, continuava permitindo o consumo de cigarros nacionais, o painel concluiu que a necessidade da proibição dos cigarros importados para atender ao objetivo de proteção à saúde não havia sido comprovada.

Caso prático: EUA — Seção 337

Os EUA possuem uma legislação, a Seção 337, que permite ao titular de direitos de propriedade intelectual que tiver sido reiteradamente vítima de contrafação obter, por via administrativa ou judicial, uma ordem impedindo a importação de produtos da mesma origem dos produtos falsificados anteriormente apreendidos. Essa legislação previa regras processuais diferenciadas, que permitiam recurso à via administrativa — mais simples e rápida — apenas para invenções patenteadas que estivessem sendo utilizadas para uma atividade industrial nos EUA. A distinção entre os caminhos processuais previstos para invenções utilizadas ou não nos EUA foi questionada, sob o argumento de que tal distinção não era necessária ao atingimento do fim proposto pela lei.

O painel do caso entendeu que não foi comprovada a "necessidade" de adotar regras processuais diferenciadas discriminando entre produtos com patente norte-americana ou utilizados nos EUA para garantir o objetivo de assegurar o cumprimento de leis de proteção aos direitos de propriedade intelectual.

Caso prático: EUA — camarão e tartaruga

Os EUA estabeleceram uma regulação proibindo a importação de camarão e produtos à base de camarão de países nos quais não fosse obrigatório, na pesca do camarão, o uso de redes providas de dispositivos de proteção que impedissem a captura acidental de tartarugas marinhas. Os EUA permitiam a importação somente quando o país exportador exigisse o uso de redes providas de dispositivos de proteção que atendessem aos mesmos parâmetros previstos na legislação norte-americana.

A legislação norte-americana foi contestada por alegada violação à regra do tratamento nacional (art. III:4 do Gatt), e os EUA afirmaram que a medida seria justificada por ser relacionada à conservação de recursos naturais exauríveis, no caso as tartarugas marinhas, nos termos do art. XX "g" do Gatt.

O OA reconheceu que a legislação norte-americana se enquadrava na alínea "g" do art. XX do Gatt por ser, efetivamente, uma medida relacionada à conservação de recursos naturais exauríveis — as tartarugas marinhas. No entanto, o OA entendeu que a legislação não atendia às condições previstas no *caput* do art. XX, por condicionar a permissão da importação à exigência, no país exportador, do uso de redes com dispositivos de proteção segundo os parâmetros norte-americanos. O OA ponderou que, ao vedar a importação de países que exigissem o uso de redes com dispositivos de proteção que seguiam parâmetros diversos dos prescritos nos EUA, a medida norte-americana configurava um meio de discriminação arbitrária ou injustificável entre países nos quais prevaleciam as mesmas condições.

Acordo sobre Barreiras Técnicas ao Comércio

Acordo sobre Barreiras Técnicas ao Comércio (ABT) disciplina a adoção de normas técnicas pelos membros da OMC, visando evitar que as normas técnicas se tornem barreiras ao comércio.

Normas técnicas são aquelas que têm por escopo parâmetros de embalagem, rotulagem e procedimentos para verificação de conformidade, e as seguintes características:

- são aplicáveis a produto identificável (isto é, não são genéricas);
- estabelecem características do produto (como espessura, dimensões, composição etc.);
- são obrigatórias.

O *caráter obrigatório* é o que distingue a norma técnica, sujeita à disciplina do ABT, dos *standards,* que não estão sujeitos a esses parâmetros. A obrigatoriedade ocorre quando o respeito aos padrões estabelecidos na norma é uma exigência governamental direta (trata-se de uma regulação estatal ou cuja observância é exigida por norma governamental) ou indireta (as empresas privadas são conduzidas pelo governo a exigirem a observância dos padrões estabelecidos na norma). As normas ISO, por exemplo, são mero s*tandard,* pois sua observância decorre de exigências dos clientes (setor privado) e, não, de imposição governamental dos países para os quais os produtos são exportados.

Para serem adotadas em conformidade com o ABT, as normas técnicas:

- não devem ser mais restritivas ao comércio do que necessário;
- devem, obrigatoriamente, adotar os parâmetros internacionais, quando existentes, exceto se eles, demonstradamente, não forem efetivos ou apropriados para tratar interesse legítimo do membro.

Caso prático: CE – sardinhas

A CE aplicava regulação que permitia a comercialização como "sardinha" apenas dos peixes da espécie *Sardina pilchardus Walbaum (Sardina pilchardus),* mais frequentemente encontrada nos mares europeus. Essa regulação foi questionada pelo Peru, que exportava o peixe da espécie *Sardinops sagax sagax (Sardinops sagax),* o qual, no Codex Alimentarius, também é citado como um tipo de peixe que pode ser comercializado como "sardinha". A impossibilidade de comercializar o produto como "sardinha" obviamente prejudicava o marketing do produto peruano na CE (afinal, quem procura "sardinha" não vai comprar um "peixe pequeno" qualquer...).

A decisão do caso julgou a norma europeia incompatível com o ABT por desrespeitar o parâmetro internacional (no caso, o Codex Alimentarius, que admite a comercialização de ambas as espécies de peixe como "sardinha"), sem demonstrar sua não efetividade ou impropriedade para tratar um interesse legítimo da CE.

Acordo sobre Medidas Sanitárias e Fitossanitárias

O Acordo sobre Medidas Sanitárias e Fitossanitárias (AMSF) disciplina a adoção de normas sanitárias e fitossanitárias pelos membros da OMC, e constitui uma elaboração do art. XX "b" do Gatt.

Medidas sanitárias e fitossanitárias são aquelas aplicadas para proteger a vida ou a saúde humana, animal ou vegetal em questões relacionadas a alimento, ração, peste ou doença (por exemplo, procedimentos para teste e inspeção, regimes de quarentena, requisitos de embalagem e rotulagem diretamente relacionados com a segurança dos alimentos).

Como regra geral, o AMSF estabelece que os membros da OMC podem adotar medidas necessárias para proteger saúde ou vida humana, animal ou vegetal, desde que tais medidas não discriminem, arbitrária ou injustificadamente, países nos quais as mesmas condições prevaleçam. Em termos mais específicos, as disciplinas do AMSF prescrevem:

- o direito dos membros de estabelecerem parâmetros elevados de proteção em matéria sanitária e fitossanitária (neste caso, não é obrigatória a adoção dos parâmetros internacionais; o membro pode decidir adotar critérios mais elevados);

- as exigências de que as medidas adotadas tenham *justificação científica*, e sejam baseadas em uma *verificação de risco* que siga *técnicas de organismos internacionais* e configure *prova científica*.

Assim, o teste para determinar uma medida fitossanitária adotada por um membro da OMC e conforme ao AMSF é verificar se a medida é:

- cientificamente sólida, baseada em uma verificação de risco;
- relacionada ao risco — irá reduzir o risco;
- não mais restritiva ao comércio do que o necessário.

Caso prático: CE – hormônios

A CE adotou medida proibindo o uso, na criação de gado, de certas substâncias contendo hormônios. Essa medida tornou-se um impeditivo à exportação de carne norte-americana para a CE, pois o uso de substâncias contendo hormônios é prática comum na criação de gado nos EUA.

Os EUA questionaram, na OMC, a norma europeia restritiva à carne de gado tratado com substâncias contendo hormônios, sob o argumento de que a medida não atenderia aos requisitos do AMSF por carecer de base científica.

A decisão sobre o caso reconheceu desconformidade da medida europeia com os parâmetros prescritos no AMSF, especialmente porque a medida restritiva não tinha base em uma avaliação de riscos. O OA ponderou que a fundamentação científica trazida pela CE tratava genericamente de prejuízos causados à saúde pelo consumo de hormônios, mas não versava especificamente sobre os eventuais prejuízos decorrentes do consumo residual de hormônios em carne de gado tratado com o produto.

Medidas de defesa comercial

Medidas de defesa comercial são medidas restritivas a importações, adotadas para evitar dano ou prejuízo grave à indústria nacional do país importador. Podem ser impostas legitimamente pelos membros da OMC, quando conformes aos parâmetros estabelecidos nos acordos internacionais sobre a matéria, os quais estabelecem parâmetros de investigação e revisão que devem ser observados para imposição ou prorrogação das medidas de defesa comercial, e também delimitam seu prazo de vigência.

São três os tipos de medidas de defesa comercial disciplinadas no âmbito do sistema multilateral de comércio: *antidumping*, medidas compensatórias (antissubsídios) e salvaguardas.

Antidumping

Direitos *antidumping* são sobretaxas aplicadas a produtos de *determinada origem*, que sejam exportados com prática de *dumping* causador de dano à indústria nacional, visando neutralizar os efeitos do *dumping*. São disciplinadas no Acordo sobre a Implementação do Artigo VI do Gatt (Acordo *Antidumping*).

Dumping é a prática de exportar um produto por preço (sem impostos e ajustado pelo nível de comércio, quantidades, características físicas, e condições de comercialização) inferior ao seu preço de venda (sem impostos e ajustado pelo nível de comércio, quantidades, características físicas, e condições comercialização) no mercado doméstico do país exportador (em vendas realizadas em operações normais, com margem de lucro e em volume significativo). Trata-se de uma *ação privada*, que é adotada pelo empresário exportador.

Embora seja muitas vezes imputado como "comércio desleal", o *dumping* não é, necessariamente, uma prática ilegítima. A diferenciação de preços é uma prática comercial comum em resposta a condições diferenciadas de concorrência e demanda nos diferentes mercados nos quais uma empresa atua. Não causa maiores discussões quando ocorre no âmbito do mercado interno; não obstante, quando praticada no mercado internacional, a diferenciação de preços é passível de punição com uma sobretaxa *(antidumping)*, se causar dano à indústria nacional do país importador.

Medidas compensatórias (antissubsídios)

Medidas compensatórias são sobretaxas aplicadas a produtos de determinada origem — que sejam exportados com outorga de subsídio no país exportador, causando dano à indústria nacional do país importador —, visando neutralizar os efeitos do subsídio. São disciplinadas no Acordo sobre Subsídios e Medidas Compensatórias.

Subsídio é qualquer contribuição financeira, suporte de renda ou preços concedido pelo *governo* ou órgão público, gerando um *benefício* (vantagem) *privado*, que seja específico para uma empresa ou setor industrial. Trata-se, portanto, de uma ação do governo que beneficia individualmente uma empresa ou setor industrial, reduzindo artificialmente os seus custos de produção.

Em função desta interferência do governo alterando as condições de concorrência das empresas do seu país no mercado internacional, o subsídio é, efetivamente, uma prática que pode ser qualificada como "comércio desleal".

Salvaguardas

Salvaguardas são medidas restritivas a importações aplicadas sob a forma de sobretaxas ou de quotas (restrições quantitativas) a determinado produto importado, *independentemente da origem,* visando atenuar o custo de ajustamento à abertura comercial de indústria nacional que esteja sofrendo ou sob ameaça de sofrer *prejuízo grave*. São disciplinadas no Acordo sobre Salvaguardas.

No caso das salvaguardas não existe a questão de uma prática comercial desleal a ser "punida". Trata-se de um problema específico da indústria nacional de determinado país, que ainda não tem condições de enfrentar a concorrência dos produtos importados.

Por isso, a imposição de medidas de salvaguarda é vinculada a um compromisso de reestruturação do setor beneficiado pela proteção, e sujeita o país que as aplica a ter de outorgar compensações aos parceiros comerciais prejudicados com perda de exportações.

Anexo

Lista de referência de casos sobre a regulação do comércio internacional pela via governamental e Organização Mundial do Comércio (OMC/WTO)

Legislação Norte-Americana de 1916: United States — Anti-Dumping Act of 1916 (US–1916 Act), WT/DS/162. Disponível em: <www.wto.org/english/tratop_e/dispu_e/cases_e/ds162_e.htm>.

Grécia — LPs vs. Discos antigos: Greek increase in bound duty, 9 November 1956, Gatt Doc. L/580. Vide WorldTradeLaw.net, Gatt Panel Reports/Working Party Reports/Other Rulings. Disponível em: <www.worldtradelaw.net/search/searchreports.htm>.

Espanha — Tratamento Tarifário de Café: Spain — Tariff treatment of unroasted coffee. Report of the panel adopted on 11 June 1981, Gatt Doc. L/5135 — 28S/102. Vide WorldTradeLaw.net, Gatt Panel Reports/Working Party Reports/Other Rulings. Disponível em: <www.worldtradelaw.net/search/searchreports.htm>.

Japão — Tarifa sobre importação de mogno SPF: Canada/Japan — Tariff on imports of spruce, pine, fir (SPF) Dimension lumber. Report of the Panel adopted on 19 July 1989, Gatt Doc. L/6470 — 36S/167, WorldTradeLaw.net, Gatt Panel Reports/Working Party Reports/Other Rulings. Disponível em: <www.worldtradelaw.net/search/searchreports.htm>.

CE — Bananas: EEC — Member states' import regimes for bananas. Report of the Panel (DS32/R). Relatório do painel concluído em 3/6/1993 (não adotado), WorldTradeLaw.net, Gatt Panel Reports/Working Party Reports/ Other Rulings. Disponível em: <www.worldtradelaw.net/search/searchreports.htm>.

CE — Café Solúvel: European Communities — Measures Affecting Differential and Favourable Treatment of Coffee WT/DS/154. Pedido de consultas apresentado em 07/12/1998. Disponível em: <www.wto.org/english/tratop_e/dispu_e/cases_e/ds154_e.htm>.

Japão — Bebidas Alcoólicas: Japan — Taxes on Alcoholic Beverages (Japan — Alcoholic Beverages II), WT/DS/8 (European Communities), WT/DS/10 (Canada), WT/DS11 (United States). Adotado em 01/11/1996. Disponível em: <www.wto.org/english/tratop_e/dispu_e/cases_e/ds11_e.htm>.

Máquinas Agrícolas Italianas: Italian discrimination against imported agricultural machinery. Report adopted on 23 October 1958. Gatt Doc. L/833 — 7S/60. Vide WorldTradeLaw.net, Gatt Panel Reports/Working Party Reports/Other Rulings. Disponível em: <www.worldtradelaw.net/search/searchreports.htm>.

CE — Asbesto: European Communities — Measures Affecting Asbestos and Products Containing Asbestos (EC — Asbestos), WT/DS/135. Adotado em 05/4/2001. Disponível em: >www.wto.org/english/tratop_e/dispu_e/cases_e/ds135_e.htm>.

Tailândia — Cigarros: Thailand — Restrictions on importation of and internal taxes on cigarettes. Report of the Panel adopted on 7 November 1990. Gatt Doc. DS10/R — 37S/200, WorldTradeLaw.net, Gatt Panel Reports/Working Party Reports/Other Rulings. Disponível em: <www.worldtradelaw.net/search/searchreports.htm>.

EUA — Seção 337: United States — Section 337 of the Tariff Act of 1930. Report by the Panel adopted on 7 November 1989. Gatt Doc. L/6439 — 36S/345. WorldTradeLaw.net, Gatt Panel Reports/Working Party Reports/Other Rulings. Disponível em: <www.worldtradelaw.net/search/searchreports.htm>.

EUA — Camarão-Tartaruga: United States — Import Prohibition of Certain Shrimp and Shrimp Products (US–Shrimp), WT/DS58. Adotado em 6/11/1998. Disponível em: <www.wto.org/english/tratop_e/dispu_e/cases_e/ds58_e.htm>.

CE — Sardinhas: European Communities — Trade Description of Sardines (EC–Sardines), WT/DS231. Adotado em 23/10/2002. Disponível em: <www.wto.org/english/tratop_e/dispu_e/cases_e/ds231_e.htm>.

CE — Hormônios: European Communities — Measures Concerning Meat and Meat Products (Hormones) (EC–Hormones), WT/DS26 (United States), WT/DS48 (Canada). Adotado em 13/02/1998. Disponível em: <www.wto.org/english/tratop_e/dispu_e/cases_e/ds26_e.htm>.

Bibliografia

Capítulo 1

ARAÚJO, Nádia. *Direito internacional privado* — teoria e prática brasileira. 2. ed. Rio de Janeiro: Renovar, 2002.

ARROYO, Diego. Aspectos generales del sector de la jurisdicción internacional. In: ARROYO, Diego (Org.). *Derecho internacional privado de los Estados del Mercosur.* Buenos Aires: Zavalia, 2003.

CORRÊA, Antonia. *Mercosul:* soluções de conflitos pelos juízes brasileiros. Porto Alegre: Sergio Antonio Fabris Editor, 1997.

DE KLOR, Adriana Dreyzin et al. Dimensiones convencional e institucional de los sistemas de juridicción internacional de los Estados mercosureños. In: ARROYO, Diego (Org.). *Derecho internacional privado de los Estados del Mercosur.* Buenos Aires: Zavalia, 2003.

MIRANDA, Jorge. *Teoria do Estado e da Constituição.* Rio de Janeiro: Forense, 2002.

RECHSTEINER, Beat. *Direito internacional privado.* São Paulo: Saraiva, 2003.

Capítulo 2

ARAÚJO, Nádia. *Direito internacional privado* — teoria e prática brasileira. 2. ed. Rio de Janeiro: Renovar, 2004.

ARROYO, Diego. Aspectos generales del sector de la jurisdicción internacional. In: ARROYO, Diego (Org.). *Derecho internacional privado de los Estados del Mercosur*. Buenos Aires: Zavalia, 2003.

CARMONA, C. A. *Arbitragem e processo, um comentário à Lei nº 9.307/96*. 2. ed. São Paulo: Atlas, 2004.

DE MESQUITA, José Inácio Botelho. Da competência internacional e dos princípios que a informam. *Revista de Processo*, n. 50, abr./jun. 1998.

DE NARDI, Marcelo. *Eleição de foro:* uma visão brasileira. In: RODAS, João Grandino (Org.). *Contratos internacionais*. 3. ed. São Paulo: Revista dos Tribunais, 2002.

FRACESCHINI, José Inácio. A lei e o foro de eleição. In: RODAS, João Grandino (Org.). *Contratos internacionais*. 3. ed. São Paulo: Revista dos Tribunais, 2002.

GARCEZ, José Maria Rossani. *Arbitragem nacional e internacional*: progressos recentes. Belo Horizonte: Del Rey, 2007.

LEVY, David. Anti-suit injunctions in multinational cases. In: LEVY, David (Org.). *International litigation*. New York: American Bar Association, 2003.

MAGALHÃES, José Carlos; BAPTISTA, Luiz Olavo. *Arbitragem comercial*. Rio de Janeiro: Freitas Bastos, 1986.

RECHSTEINER, Beat. *Direito internacional privado*. São Paulo: Saraiva, 2003.

RODGERS, Anne M. Forum non conveniens in international cases. In: LEVY, David (Org.). *International litigation*. New York: American Bar Association, 2003.

SOARES, Marta Gonçalves da Silva. A cláusula de eleição de foro em contratos internacionais. *Revista da Faculdade de Direito da UFRGS*. Porto Alegre, v. 22, set. 2002.

TIMM, Luciano Benetti. A cláusula de eleição de foro *versus* a cláusula arbitral em contratos internacionais: qual é a melhor opção para a solução de disputas entre as partes. *Revista de Arbitragem e Mediação*. v. 10, p. 20-38, 2006.

VESCOVI, Eduardo. *Derecho procesal civil internacional*. Montevideo: Ediciones Idea, 2000.

WEINTRAUB, Russell J. *International litigation and arbitration*. 4. ed. New York: Carolina Academic Press, 631, 1997.

Capítulos 3 e 4

ARAÚJO, Nádia. *Contratos internacionais* — autonomia da vontade, Mercosul e convenções internacionais. Rio de Janeiro: Renovar, 1997.

ARROYO, Diego. Aspectos generales del sector de la jurisdicción internacional. In: ARROYO, Diego. (Org.). *Derecho internacional privado de los Estados del Mercosur*. Buenos Aires: Zavalia, 2003.

BAPTISTA, Luiz Olavo. *Dos contratos internacionais* — uma visão teórica e prática. São Paulo: Saraiva, 1994.

BASSO, Maristela. As cartas de intenção ou contratos de negociação. In: *Revista dos Tribunais*, São Paulo: Ed. RT, v. 88, n. 769, p. 29-47, nov. 1999.

DE MESQUITA, José Inácio Botelho. Da competência internacional e dos princípios que a informam. *Revista de Processo*, n. 50, abr./jun. 1998.

MARTINS-COSTA, Judith. As cartas de intenção no processo formativo da contratação internacional: os graus de eficácia dos contratos e a responsabilidade pré-negocial. *Revista da Faculdade de Direito da Universidade Federal do Rio Grande do Sul.* Porto Alegre: Livraria do Advogado, v. 10, p. 39-55, jul. 1994.

MARTINS, Ives Granda da Silva. Factoring. *Revista Jurídica*, n. 240, out. 1997.

MARZORATI, *Derecho de los negocios internacionales.* 3. ed. Buenos Aires: Ed. Astrea, 2003. v. 1.

TIMM, Luciano Benetti. A manutenção da relação contratual empresarial internacional de longa duração: o caso da *hardship*. *Revista Trimestral de Direito Civil,* v. 27, p. 235-246, 2006.

WEINTRAUB, Russell. *International litigation and arbitration.* Durham: Carolina Academic Press, 1997. p. 45-49.

Capítulo 5

BARRAL, Welber. Subsídios e medidas compensatórias na OMC. In: LAFER, Celso. *A OMC e a regulamentação do comércio internacional:* uma visão brasileira. Porto Alegre: Livraria do Advogado, 1999.

LAMPREIA, Luiz Felipe. *Diplomacia brasileira:* palavras, contextos e razões 2001-2002. Rio de Janeiro: Nova Aguilar, 1999.

LIMA-CAMPOS, Aloísio de (Org.). *Ensaios em comércio internacional:* antidumping, disputas comerciais e negociações multilaterais. São Paulo: Singular, 2005.

MERCADANTE, Araminta; CASELLA, Paulo Borba. *Guerra comercial ou integração mundial pelo comércio?* O Brasil e a OMC. São Paulo: Ltr, 1998.

_____. *O Brasil e a OMC:* os interesses brasileiros e as futuras negociações multilaterais. Florianópolis: Diploma Legal, 2001.

SEINTEFUS, Ricardo. *Manual das organizações internacionais.* Porto Alegre: Livraria do Advogado, 1997.

THORSTENSEN, Vera. *OMC:* as regras do comércio internacional e a nova rodada de negociações multilaterais. São Paulo: Aduaneiras, 2001.

Sobre os autores

Luciano Benetti Timm

É doutor e mestre em direito pela Universidade Federal do Rio Grande do Sul (UFRGS) e LLM em direito econômico internacional pela Universidade de Warwick, Reino Unido. Realiza pesquisa de pós-doutorado na Universidade da Califórnia, Berkeley. É professor da Pontifícia Universidade Católica (PUC) do Rio Grande do Sul e, no Rio de Janeiro, do Curso Online da Fundação Getulio Vargas. Presidente da Associação Brasileira de Direito e Economia (ABDE) e diretor do Comitê Brasileiro de Arbitragem (CBAR).

Rafael Pellegrini Ribeiro

É mestre em direito societário pela Universidade de Nova York (EUA), mestrando em direito internacional pela Universidade Federal do Rio Grande do Sul (UFRGS) e bacharel em direito pela mesma universidade. Advogado atuante em Porto Alegre (RS) nas áreas do direito empresarial e direito do comércio internacional.

Angela T. Gobbi Estrella

É procuradora da Fazenda Nacional na Procuradoria Regional da Fazenda Nacional da 4ª Região. Coordenadora acadêmica do Grupo de Trabalho Organização Mundial do Comércio/Comércio Exterior da Procuradoria-Geral da Fazenda Nacional. Conselheira do Grupo Temático de Defesa Comercial do Conselho de Comércio Exterior da Fiergs. Membro fundador do Brazilian International Trade Scholars, ABCI Institute (Washington, DC). Professora de comércio internacional no MBA em Negócios Internacionais da Unisinos e no Curso Online da Fundação Getulio Vargas. Mestre em direito internacional com especialização em Organização Mundial do Comércio pela Faculdade de Direito da Universidade de Georgetown (Washington, DC). Especialista em administração de empresas com ênfase em gestão internacional pela Escola de Administração de Empresas da Fundação Getulio Vargas de São Paulo. Bacharel em direito pela Universidade Federal do Rio Grande do Sul (UFRGS). Publicou diversos artigos sobre o comércio internacional no Brasil e no exterior em livros e periódicos especializados, além de realizar inúmeras palestras sobre o tema em seminários e workshops no Brasil e no exterior (International Law Association British Branch Spring Conference).